LA ESPOSA VIRTUOSA

CONVIÉRTASE EN *la* MUJER,
ESPOSA, *y* MADRE
QUE ANHELA SER

LINDA DILLOW

GRUPO NELSON
Una división de Thomas Nelson Publishers
Desde 1798

NASHVILLE   DALLAS   MÉXICO DF.   RÍO DE JANEIRO   BEIJING

LA ESPOSA VIRTUOSA
© 1981 EDITORIAL CARIBE
P.O. Box 141000
Nashville, TN 37214-1000

Publicado originalmente en inglés con el título de
CREATIVE COUNTERPART
Copyright © 1977 por Linda Dillow
Publicado por Thomas Nelson Publishers
Nashville, TN 37214 E.U.A.

Versión castellana: Elsa Powell

ISBN13:978-0-88113-064-5

Printed in U.S.A.

E-mail: caribe@editorialcaribe.com

13ª Impresión, 12/2008
www.caribebetania.com

DEDICATORIA

A JODY
   MI AMADO Y MI AMIGO,
   CUYO AMOR, ESTIMULO Y MENTALIDAD LOGICA
   HICIERON POSIBLE ESTE LIBRO.

RECONOCIMIENTOS

Muchas gracias a. . .

. . . Kris Baker por su ayuda en la redacción de los tres primeros capítulos.

. . . Pat Acheson por su colaboración en la redacción del libro.

. . . Betty McFarlane por la excelente transcripción a máquina.

Linda Dillow

CONTENIDO

CAPITULO I
El desastre de la luna de miel/11

CAPITULO II
La descripción perfecta/13

CAPITULO III
La estrategia de Dios/24

CAPITULO IV
La planificación de prioridades/38

CAPITULO V
Mi propio Robert Redford/65

CAPITULO VI
Su más grande admiradora/80

CAPITULO VII
La vicepresidenta ejecutiva/94

CAPITULO VIII
Barreras, beneficios y límites/111

CAPITULO IX
Mi amado y mi amigo/120

CAPITULO X
La amante creativa/131

CAPITULO XI
La respuesta constante/146

Jody fue uno de esos hombres afortunados que al casarse no sólo recibió una amiga, una amante, una compañera, una socia, sino también su "Espíritu Santo personal". Este ser angelical es una esposa amante que cree que Dios le ha dado la responsabilidad de convencer a su esposo de pecado, de justicia y de juicio, además de enseñarle la forma correcta de comportarse, y las actitudes de vestirse que debe asumir.

La esposa virtuosa respeta a su esposo; ¡un Espíritu Santo personal lo reconstruye! Esta es la historia de cómo lentamente (y a veces con mucho dolor), aprendí que Dios les da esposas a los hombres para que los hagan felices, y El mismo se ocupa de hacerlos santos.

PREFACIO

Más de una década ha transcurrido desde que se dispararon las primeras salvas en la renovación de la cruzada por los derechos de la mujer. Las feministas con sus ataques virulentos nos han sacado de nuestro conformismo (¡y eso está bien!) portando sus estandartes y marchando en direcciones opuestas.

Como fantasmas reencarnados de la Revolución Francesa, tropas de combate sacudían la bandera de "Libertad, igualdad, fraternidad". Los cruzados de la oposición respondían con una simple bandera blanca en la que estaba garabateada una sola palabra: "¡Sumisión!"

La controversia continúa, y las esposas cristianas se esfuerzan por mantenerse al tanto del debate. ¿Debemos alinearnos en uno u otro bando? ¿Combatimos lo que encontramos, o nos sometemos a ello? ¿En base a qué decidimos? Aun más, ¿qué garantía a largo plazo hay contra la depreciación?

Muchas de nuestras respuestas son a la vez profundas y lastimosamente ingenuas. Nos preguntamos vez tras vez: "¿Qué dice la Biblia?" Cuando descubrimos lo que dice, nos quejamos de que no se adapta a la situación. De modo que tratamos de amoldarla a nuestras ideas preconcebidas. Ya sea usando un estilo erudito de alto nivel que tuerce el texto hasta que dice lo que queremos que diga, o una simplificación torpe que lleva a una reducción al absurdo, andamos por ahí pronunciando fragmentos del "evangelio según las mujeres".

La esposa virtuosa no es un manual completo sobre el papel de la mujer, ni un estudio bíblico exhaustivo sobre el matrimonio cristiano. Es un manjar seleccionado, tejido con fibra práctica, para mujeres que quieren ser esposas en la forma simple que enseñan las Escrituras, en cualquier medio cultural.

Tuve el privilegio de conocer a Linda Dillow no sólo como esposa de un estudiante del seminario, sino como amiga y hermana en la fe en Jesucristo Señor nuestro. La he observado en su hogar tanto como frente al público, e inspira confianza en el observador. Con una fortaleza serena que exhala la fragancia de la que habla la primera epístola de Pedro al referirse a la mujer, combina la belleza interior con una increíble firmeza de convicción. Su estilo refinado frente al público refleja la dedicación gozoza y la disciplina llena de humor que posee en su interior.

Linda no predica. Escribe en un estilo que no es técnico ni sarcástico y sin embargo, sus palabras son una aplicación inteligente y humana de lo que la Biblia les dice a las esposas. Su retrato del matrimonio está dibujado con líneas bien definidas que elevan el papel de la esposa a un nivel de dignidad y significación.

Este libro ha nacido tarde en la corriente de los libros apologéticos sobre el matrimonio cristiano. Quizás este factor le permita tanto a la lectora como a la escritora tener mayor objetividad. De cualquier forma, toda persona que pese estas líneas será renovada con una fresca brisa, por esta discusión sobre el matrimonio y el hogar presentada en forma de lectura agradable y provechosa.

Jeanne W. de Hendricks
Dallas, Texas

CAPITULO I
El desastre de la luna de miel

Mientras subíamos por el sinuoso camino en nuestro auto terriblemente cargado, nos enfrentó un gigantesco camión de mudanza. Virando rápidamente hacia la derecha, Jody evitó el camión, pero al hacerlo nos deslizamos hacia la zanja.

Mientras trataba de recuperar la serenidad, los eventos de los tres días anteriores me pasaron velozmente por la mente: el casamiento y dos gloriosos días en la cabaña al lado del río. Un lugar tan rústico y sin embargo tan romántico, con una gran chimenea, un balcón asomándose al correntoso río, y lo mejor de todo, estar sola con mi esposo; recién casados.

Me hubiera conformado con quedarme para siempre en Hawthorne Farms, en la cabaña al lado del río, pero tales lujos eran imposibles para dos estudiantes recién casados. Dos noches eran lo máximo que nuestro presupuesto de 200 dólares mensuales podía permitirnos. Por lo tanto, para prolongar nuestra luna de miel, habíamos decidido acampar.

¡Primer error! Ni Jody ni yo sabíamos nada respecto a acampar, y sin embargo estábamos allí, con una carpa, bolsas de dormir, provisiones y sentados en una zanja. Jody empujaba el automóvil, y yo guiaba y finalmente conseguimos salir de la cuneta. Una vez en el camino, encontramos un hermoso sitio apartado para acampar y luchamos para instalar la carpa. ¿Se suponía que esto debía ser divertido?

Exhaustos, nos metimos temprano en nuestras bolsas de dormir, sólo para despertarnos a medianoche con una suave llovizna que pronto se tornó en una lluvia torrencial. Siendo estudiantes *inteligentes*, pronto descubrimos que la carpa que nos habían prestado

11

tenía una gran gotera, ¡y que íbamos a quedar rápidamente empapados! ¡Qué hermoso final para nuestra tercera noche de luna de miel, desmantelando y empacando una carpa empapada en medio de una tormenta a la una de la madrugada! ¡El clímax del romanticismo! Pero nuestros problemas recién habían empezado.

Manejando por la montaña en las primeras horas de la madrugada, ¡tuvimos una goma pinchada! Yo sostenía la linterna y el paraguas mientras Jody cambiaba la rueda a la orilla del angosto camino. Me miró sonriendo y dijo: "Querida, ¡supongo que éstas son las cosas que unen a un matrimonio!"

Miro hacia atrás ahora, después de trece años y tres hijos, y veo que ni Jody ni yo teníamos la menor idea de cuántas alegrías, tristezas y circunstancias ridículas nos llevarían a unirnos como una persona. ¡Yo no tenía idea de todo lo que tendría que aprender sobre cómo amar a mi esposo! ¡Ni tenía conciencia de todas las habilidades "de regañar" que dormitaban dentro de mí!

Me casé con Jody porque quería ser su amiga, su amante, su compañera para siempre. ¡Nunca encontré una mujer que se casara porque creyera que el matrimonio la haría infeliz! Cada uno prevee plenitud y satisfacción junto a su pareja. Cuando pasan los años, sin embargo, algo ocurre. El Príncipe Azul a veces se transforma en un sapo, y la Cenicienta en una regañona, y la relación excitante puede convertirse en una rutina pesada.

La mayoría de las mujeres con las que hablo, que están insatisfechas con sus matrimonios, señalan tres razones para ello: la primera, es su esposo. "Si sólo fuera más afectuoso, o más agresivo, o más colaborador, o *más cualquier cosa,* yo sería la esposa que debiera ser". La segunda, sus circunstancias: "Si viviera en una casa más grande, o si *no* tuviera una casa tan grande para limpiar; si tuviera un hijo, o si *no* tuviera tantos hijos", y por supuesto "Si tuviéramos más dinero, podría ser una esposa mejor". La tercera razón, ella misma. "Si sólo fuera diferente, bella, delgada, talentosa, exitosa, inteligente, creativa, sexualmente atractiva, entonces podría ser la esposa del año".

"Pero yo soy yo, y el aburrimiento diario continuará". ¡Allí es donde nos equivocamos! A medida que leas estas páginas encontrarás sugerencias creativas para motivar a tu esposo, aconsejarlo y vivir *por encima* de tus circunstancias, ¡y un plan con el que puedes empezar a ser la mujer, esposa y madre que añoras ser!

CAPITULO II
La descripción perfecta

En una encuesta tomada recientemente a 250 hombres y mujeres para determinar la persona más influyente en sus vidas, 212 de los 250 respondieron que la mayor influencia había sido una mujer.[1] Muchas veces era una esposa o una madre; ¡pero también había maestras, abuelas y maestras de Escuela Dominical en la lista! Siempre hemos oído que "la mano que mece la cuna gobierna al mundo", pero, ¿sabías que cuando Abraham Lincoln dijo eso, agregó: "Y todo lo que soy o anhelo ser se lo debo al ángel de mi madre"?

Hemos sido condicionados por la propaganda a responder instantáneamente a las palabras "ama de casa" con "trabajo despreciable". Tú conoces la escena de las revistas: una exhausta mujer vestida como "Señorita Liquidación de Ropa Usada de 1956" desplomada sobre una tabla de planchar, seis niños pequeños y el perro alrededor de sus piernas y una olla hirviendo y derramándose sobre la estufa. Esto va acompañado de un reconfortante mensaje que anuncia que después de un día como éste podemos tomar tal pastilla para el dolor, o tal otra para calmar los nervios o aquella otra para levantarnos el ánimo.

En parte, como resultado de este acondicionamiento, muchas de nosotras nos formulamos preguntas ahora sobre lo que somos, sobre nuestros papeles, y sobre la vida en general. Y muchas de nosotras nos sentimos frustradas. Una mujer me dijo que no veía la hora de que sus cuatro hijos fueran a la escuela para poder salir y contribuir en algo a la sociedad. Todos los días añoraba que se durmieran para poder hacer algo productivo por alguien.

¿No hay nada más en ser esposa o madre que volver a doblar las toallas que el esposo ha doblado mal, mantener limpia la ropa de la familia o llevar los chicos a la escuela a tiempo? ¡Hay mucho más, y es mucho más estimulante! Hemos recibido un lavado de cerebro que nos ha hecho creer que la vida de la esposa y madre consiste solamente en tres cosas: *cocinar, limpiar,* y *llevar a los hijos a todos lados.*

Recuerda: hay muchas esposas frustradas, así como hay ingenieros, pilotos e instructores de karate frustrados. Pero la frustración no depende de la naturaleza del trabajo; más bien proviene del inevitable aburrimiento que produce cualquier trabajo que hacemos mediocremente o usando poca imaginación.

La esposa virtuosa es más que una simple ayudante. Es una esposa que, habiendo elegido la vocación de esposa y madre, decide aprender y crecer en todas las áreas de este papel, y trabajar tan duro como si estuviera tratando de obtener la presidencia de una corporación.

La esencia de la *esposa virtuosa* es funcionar profesionalmente en todas las áreas del matrimonio. Miremos a una de estas *esposas virtuosas* descripta hace muchos años por el rey Salomón en su antigua monografía bíblica titulada Proverbios. Hay muchas mujeres sobresalientes y santas a lo largo de la Biblia, pero Proverbios 31:29 dice de ésta: "Muchas mujeres hicieron el bien; mas tú sobrepasas a todas". ¿Quién es la mujer que ha hecho más que Débora, la consejera militar, que Rut, la mujer fiel, que la reina Ester, que arriesgó la vida por su pueblo? ¡Es una esposa y madre como tú y yo!

Un estudio de este capítulo revela que los versículos 10 al 31 son una descripción de la mujer virtuosa. Este pasaje está diseñado para mostrar a las mujeres qué clase de esposas deben ser, y para mostrar a los hombres qué clase de mujeres deben elegir para casarse. También es un poema acróstico; cada uno de los veintidós versículos comienza con una letra del alfabeto hebreo, en orden consecutivo, haciendo de este fragmento una joya tanto literaria como espiritual.

> *"Mujer virtuosa, ¿quién la hallará?..."* (v. 10).

La palabra *virtuosa* significa "una mujer que posee fortaleza".[2] Es la misma palabra usada para describir el carácter de los jueces de Israel indicando que eran capaces y bien calificados para el trabajo al que habían sido llamados; hombres veraces, temerosos de Dios.

De modo que se deduce que la mujer virtuosa es una persona capaz y bien calificada para su trabajo, con control sobre su espíritu y capacidad para conducir a otros. Es una mujer resuelta, que habiendo elegido principios teocéntricos, es firme y fiel a ellos.[3] "¿Quién la hallará?" indica que tal mujer es muy poco común.

". . . Porque su estima sobrepasa largamente a la de las piedras preciosas" (v. 10).

El valor de las joyas, como el de las personas, depende de si han sido hechas por Dios o por el hombre. Esta mujer es producto de la sabiduría y pericia divinas. Ha sido modelada por Dios en lo que es y en lo que no es y posee las inestimables cualidades que sólo una mujer creyente puede poseer. Su esposo sabe por experiencia lo valiosa que es. ¿Por qué cosa te cambiaría tu esposo en este momento? ¿Algunos momentos de paz y quietud? ¿O no te cambiaría ni por el mejor diamante?

"El corazón de su marido está en ella confiado, y no carecerá de ganancias" (v. 11).

La confianza es un ingrediente esencial del matrimonio. El esposo de este tipo de mujer confía en su conducta, en su comportamiento entre otros. Sabe que siempre será fiel y nunca lo traicionará.

Hace varios años, cuando Jody y yo trabajábamos en el ministerio en la Universidad, estaba seleccionando material para hablarles a las muchachas sobre el concepto cristiano acerca de las relaciones sexuales, el amor y el matrimonio. Le pregunté a Jody qué era lo que más apreciaba en mí como esposa, y en su estilo lógico me respondió: "Tu fidelidad". "¿Fidelidad?", pensé yo. "¡Qué simpleza!" Su explicación me hizo apreciarlo más que nunca.

"Lo más importante para un hombre es saber que la mujer que ama está en su equipo y que aunque el resto del mundo lo llame tonto y lo abandone, ella estará a su lado", me dijo él.

Hay una relación de confianza entre la mujer de Proverbios 31 y su esposo. Algunos han dicho que esta confianza también puede deberse a su habilidad para administrar la casa. El sabe que ella es competente y que cuando él llegue a la casa, el hogar y la familia estarán en orden y no en un caos. ¿Qué encuentra tu esposo cuando abre la puerta de la casa?

La frase "no carecerá de ganancia" es extremadamente interesante. La palabra traducida se refiere al botín de la guerra: joyas, oro y otros objetos valiosos por los que se luchaba y a los que se consideraba altamente deseables.[4] La frase dice que el marido de esta mujer es tan feliz que no desea todas las riquezas del mundo: "¿Quién necesita dinera si te tiene a ti?"

"Le da ella bien y no mal todos los días de su vida" (v. 12).

La mujer confiable nunca haría nada que deshonrara el nombre de su esposo. No le confiaría ni a su mejor amiga si ha sido herida por él ni provocaría risas ennumerando sus defectos. Su propia conducta está más allá de todo reproche.

"Todos los días de su vida" sugiere que su entrega a él es la decisión voluntaria (y no una emoción) de permanecer a su lado para siempre, no importa qué les ocurra. Hoy en día la práctica corriente es amar al esposo y complacerlo hasta que aparecen los problemas, y luego cada uno por su lado. "Tú vive tu vida y yo viviré la mía. Tú haz tus cosas y yo haré las mías; mientras concuerden, todo está bien. . . pero en cuanto se rocen, ¡nos separamos!" En contraste, 1 Corintios 13:7 dice que el amor todo lo soporta. La esposa modelo de Proverbios 31 se compromete a buscar el bien de su esposo todos los días de su vida.

Pablo les dice a los corintios: "Amados, hacemos todo para vuestra edificación" (edificándolos y ayudándolos a crecer en Cristo). La mujer virtuosa aplica esto a su esposo y lo trata con esta actitud: "Querido, hago todo para tu edificación", esto quiere decir que considera cada acto y cada palabra y luego sólo hace y dice aquello que lo edificará y ayudará.

"Busca lana y lino, y con voluntad trabaja con sus manos" (v. 13).

La frase indica que la mujer virtuosa de los tiempos del rey Salomón hacía con placer la ropa para su familia. El término *"volun-*

tad" me impactó: ¡hay muchas cosas en el mundo de la mujer (lo mismo que en el mundo del hombre) que no son superestimulantes! Quizás el ama de casa en la televisión está entusiasmada porque tal o cual producto deja su bañadera brillante o porque un detergente la deja alborozada, ¡pero por alguna razón esos productos no me dan a mí esa sensación entusiasta! De hecho, no me gusta ni remotamente limpiar la bañadera. Pero Dios no dice que tengo que sentir cosquilleos de placer al hacerlo; dice que debo hacerlo de todo corazón como para el Señor. Debemos tener una buena actitud y hacer todo en nuestro hogar con placer porque lo estamos haciendo para las personas que Dios nos ha dado para amar.

¿Estás dispuesta a trabajar fuerte o buscas excusas para evitar las tareas desagradables? Tengo una amiga muy deprimida y nada feliz. Creo firmemente que una de las principales causas de su depresión es que se resiste a hacer cualquier tarea que implique esfuerzo. Este versículo nos dice que lo que importa es nuestra *actitud*, no que cosamos o cocinemos cosas de categoría, sino que trabajemos con *voluntad* con nuestras manos.

"Es como nave de mercader; trae su pan de lejos" (v. 14).

La buena esposa camina para hacer las compras para su casa, investigando muchos posibles recursos. Busca las ofertas, camina la milla extra para proveer lo mejor para su familia.

"Se levanta aun de noche y da comida a su familia y ración a sus criadas" (v. 15).

En el tiempo de Salomón, la esposa se levantaba antes que los demás en la casa para empezar a preparar la comida del día y planear y asignar las tareas a sus criadas. Pero creo que además se levantaba temprano por otra razón: prepararse espiritual y físicamente para las exigencias del día. Una versión lo traduce así: ". . . busca, a través de su comunión con Dios, comida espiritual para su familia".* Sabía que si decimos "buen día" primero a Dios, nuestros "buenos días" a los demás serán mejores.

Amplified Bible

Jody y yo teníamos una broma entre nosotros sobre este versículo. El decía: —Querida, ¿cuándo vas a levantarte aún de noche como la mujer virtuosa?

—¡Apenas vea a las criadas entrando por la puerta! —respondía yo.

Hay dos formas en que puede comenzar el día en la familia Dillow. La primera forma es que yo apague el despertador sin hacerle caso, y finalmente arrastre mi cansado cuerpo, me ponga el salto de cama, corra a la pieza de las chicas y les diga que se apuren o llegarán tarde. Luego corra a la pieza de Tommy, lo vista rápidamente y vaya apresuradamente a la cocina a hacer las cosas que debería haber hecho la noche anterior. Finalmente, arroje el desayuno sobre la mesa justo a tiempo para que engullamos la comida mientras repito constantemente que se apuren. Para cuando termina el desayuno todos están peleando, ¡y yo me pregunto por qué la familia está tan nerviosa y tensa!

La segunda forma es que yo me levante antes que la familia, me vista y con una sonrisa en el rostro hable con el Señor sobre el día, entregándoselo a El. Después de pasar un tiempo con el Señor, entro contenta a la pieza de Joy y Robin y las despierto con un beso. Luego me dirijo a la pieza de Tommy para despertarlo y ayudarle a vestirse.

Como no hay platos sucios, los emparedados de los almuerzos de cada uno están preparados, y la mesa puesta desde la noche anterior, el desayuno se hace en un suspiro. Todos comen y salen de la casa con una sonrisa. Por supuesto que hay días que resultan mitad y mitad entre estos dos extremos, pero mi familia ha dicho que prefiere mucho más la segunda forma.

"Considera la heredad, y la compra, y planta viña del fruto de sus manos" (v. 16).

Es una mujer inteligente, y en su tiempo libre, mujer de negocios. Lo de "considera" me toca a mí, porque a veces me cuesta decir la importante palabra "no". Esta mujer prudente pesa cada decisión antes de asumir una nueva responsabilidad. Nos piden que nos comprometamos con muchas actividades, pero a menos que conozcamos nuestras prioridades, y en qué podemos contribuir mejor, podemos fácilmente sobrecargarnos. Estoy aprendiendo a no decir sí de inmediato a cualquier actividad valiosa, sino a pedir tiempo para pensar y orar sobre mi decisión.

"Ciñe de fuerza sus lomos, y esfuerza sus brazos" (v. 17).

Este no es lenguaje figurativo; una paráfrasis moderna podría ser: "Hace dieta y ejercicios para mantenerse en buen estado físico". La flojera física contribuye a la flojera en nuestra vida emocional y espiritual, aún en nuestras relaciones familiares y sociales. He comprobado que cuando estoy en buen estado físico tengo más energía, estoy mentalmente más alerta y resulta más agradable mi compañía.

"Ve que van bien sus negocios; su lámpara no se apaga de noche" (v. 18).

En los días de Salomon, en una casa bien ordenada había una lámpara encendida durante toda la noche como señal de que estaba habitada; su extinción indicaba calamidad.[5] Esta mujer virtuosa ocupa su tiempo provechosamente y a veces continúa trabajando de noche. Como resultado de su esfuerzo, cosecha éxito y satisfacción.

"Aplica su mano al huso, y sus manos a la rueca" (v. 19).

Cuando se dedica a hilar, lo hace con destreza. Ella se caracteriza por la confiabilidad. Todo lo que hace lo hace con habilidad, dando el máximo de sus talentos y capacidades. El énfasis no está en la excelencia sino en la actitud.

¿Alguna vez te ha pedido tu esposo que lo ayudaras a arreglar el automóvil haciendo girar un resorte en el sentido de las agujas del reloj, sujetándolo con la pinza? ¿De modo que te resulta poco familiar? Hazlo igual (no importa la grasa), con manos dispuestas y utilizando el máximo de tu habilidad.

"Alarga su mano al pobre, y extiende sus manos al menesteroso" (v. 20).

Tiene tanto amor para dar que no se detiene en su familia. Sus manos están constantemente extendidas hacia cualquiera que tenga necesidad.

No hace mucho hablé a un grupo de esposas de médicos sobre el tema: "La realidad del cristianismo en el mundo de la mujer". Después de la charla se acercó una mujer elegantemente vestida y me dijo: —Es muy lindo lo que usted dice acerca de una relación con Dios, pero ¿qué hace *usted* para contribuir a la sociedad? ¿Alguna vez va a los barrios pobres para ayudar realmente a la gente?

—Dios me ha dado un esposo y tres pequeños hijos —le contesté—, y son lo primero en mi vida. A causa de ellos no voy a los barrios pobres, ¡pero no necesito hacerlo! Hay tantas necesidades en mi vecindario que no necesito ir más lejos.

Vivo en un barrio típico, de familias jóvenes, y en esas pocas manzanas hay parejas divorciadas, separadas, o que se llevan mal, chicos con problemas especiales, madres jóvenes luchando con la depresión y la amargura, enfermos; todas ellas son personas necesitadas. ¿Por qué pensamos que los barrios pobres son el único lugar donde la gente tiene problemas? ¡Puedo contribuir a la sociedad quedándome exactamente donde estoy! La clave es poner tu mano en la de Dios, en primer lugar. Dile que estás disponible y deseosa de darte a ti misma, y pídele que te muestre dónde. Estoy segura de que te contestará abriéndote los ojos a alguna situación en la que podrás extender tus manos hacia alguien que te necesite.

"No tiene temor de la nieve por su familia, porque toda su familia está vestida de ropas dobles" (v. 21).

Esto alude a ropas de la mejor calidad. No sólo son de buena calidad; la mujer virtuosa las cuida esmeradamente. Podríamos parafrasearlo así: "Los suyos tienen camisas limpias para ponerse de mañana, y no tienen que esperar parados a que les cosan los botones".

"Ella se hace tapices; de lino fino y púrpura es su vestido" (v. 22).

Esto no quiere decir que se pone ropa de salir para fregar los pisos, pero que elije ropa que favorece su aspecto. ¿Cuánto te esfuerzas en resultar atractiva a tu esposo? Aun los vaqueros que usas para limpiar el baño pueden quedarte bien combinados con una blusa que a él le agrade.

"Su marido es conocido en las puertas, cuando se sienta con los ancianos de la tierra" (v. 23).

Aquí el autor de Proverbios comienza abruptamente a hablar del esposo. Puede parecer extraña esta referencia al marido en este lugar, justo en medio de esta alabanza de la mujer virtuosa, sin relación aparente con el contexto. Pero mira más de cerca. Es evidente que el autor está diciendo: "A causa de la calidad de su esposa, el marido es conocido en las puertas. A causa de su excelencia, no sólo es rico sino importante y famoso".

"Hace telas, y vende, y da cintas al mercader" (v. 24).

¿De dónde había obtenido el dinero para comprar tierras? De su negocio de hacer y vender manualidades. Hoy en día esto quizás sería comparable a un trabajo de medio día hecho en casa.

"Fuerza y honor son su vestidura; y se ríe de lo por venir" (v. 25).

Aunque una mujer puede preocuparse por estar bien vestida, cuando la gente la ve entrar a una habitación su mirada es atraída no por el vestido sino por la calidad de su presencia. Algo por detrás de la apariencia exterior; un espíritu gentil y sereno que es producto de la fortaleza de carácter y de la actitud digna. "Fuerza" indica que tiene recursos para superar las pruebas, lo opuesto a la "frágil y dulce" mujer que se viene abajo ante las tensiones. "Se ríe de lo por venir" sugiere que confía en su fuerza interior y en su posición económica para enfrentar con seguridad cualquier dificultad futura.

"Abre su boca con sabiduría, y la ley de clemencia está en su lengua" (v. 26).

Una traducción de la Biblia dice: "Abre su boca con sabiduría eficaz y piadosa y en su lengua está la ley de la bondad". La sabiduría es equiparada con la destreza; esta mujer tiene consejo práctico e instrucciones sabias para otros. Vivir la vida según los principios de Dios es una habilidad, del mismo modo que tocar el piano o coser. La mujer virtuosa se esfuerza para desarrollar esta habilidad especial, y la muestra en la forma en que vive, en las palabras que dice, en el consejo que da a otros.

Piensa por un momento lo que nuestros hogares y nuestro mundo serían si cada una de nosotras aplicara este versículo a la vida de todos los días. ¿Habría alguna diferencia en tu relación con tu esposo y tus hijos si sólo abrieras la boca con sabiduría y la ley de la bondad estuviera en tu lengua? ¿Has notado alguna vez la diferencia entre la entonación que reservas para tus amistades y la que usas con tu familia? Es tan fácil dar lo mejor a gente relativamente extraña y dejar las "sobras" para la familia.

Una joven madre de ocho niños entró a la habitación y encontró a todos los chicos peleando. Suavemente los amonestó diciendo: —Niños, ¿no saben que la Biblia dice que debemos ser amables unos con otros?

Su hijo mayor, de nueve años, miró alrededor pensativamente y contestó: —¿Pero mamá, aquí está sólo la familia!

"Considera los caminos de su casa, y no come el pan de balde" (v. 27).

Supervisa todo lo que ocurre en el hogar. La esposa de los tiempos de Salomón tenía criadas, y la de hoy tiene las facilidades modernas o la empleada doméstica, pero a ambas se les indica que deben supervisar lo que ocurre en la casa. La mujer virtuosa es una profesional en su labor y está deseosa de trabajar fuerte administrando y supervisando su casa.

"Se levantan sus hijos y la llaman bienaventurada" (v. 28).

El término "levantan" significa "entrar a la vida pública".[6] A medida que los hijos de una buena madre crecen, significan un testimonio para su madre por sus vidas y sus palabras, y la bendicen por las enseñanzas tempranas recibidas. Los niños de hoy crecen y comienzan a nombrar a sus madres con toda suerte de palabras, ¡pero muy pocos la bendicen!

"Y su marido también la alaba: Muchas mujeres hicieron el bien; mas tú sobrepasas a todas" (vs. 28,29).

Podría tener placas en mis paredes con inscripciones floridas y palabras de alabanza de la Cámara de Comercio, la Sociedad de Mujeres Misioneras, la Asociación de Padres y Maestros, de las Guías o del grupo de exalumnos de la sororidad a la cual pertenecí, pero ¿qué significarían en comparación con la honra otorgada por aquellos que me conocen mejor? Cuando la gente que vive contigo día a día te alaba, ¡eso sí tiene valor! Te han visto actuar en las buenas y en las malas. Ellos alabarán tus cualidades personales internas, no tus aparentes éxitos. Una amiga mía hizo esta pintoresca descripción del matrimonio: "Te hace sentir muy humilde el saber que hay una persona más en el mundo que sabe lo terrible que eres!"

La razón de que la mujer virtuosa sea tan virtuosa está en el versículo 30:

"Engañosa es la gracia, y vana la hermosura; la mujer que teme a Jehová, ésa será alabada" (v. 30).

Una paráfrasis moderna podría ser: "La hermosura es engañosa, y puede esconder una personalidad desagradable; la belleza no tiene más profundidad que la piel, pero la mujer que teme a Jehová es realmente hermosa y encantadora". La mujer virtuosa en primer lugar y por sobre todas las cosas, teme y adora a Dios. ¡Es confiable, habilidosa, fiel, caritativa, fuerte, sabia, prudente, compasiva, generosa, cariñosa y aún más! ¿Te abruma esta descripción? ¿Quieres ser esta clase de mujer pero sientes que nunca lograrías empezar siquiera? Seguiremos abrumadas mientras nos miremos a nosotras mismas, porque sólo veremos nuestra incapacidad.

La clave para llegar a ser una *esposa virtuosa* es una relación vital con Dios. El promete hacer de cada una de nosotras la clase de mujer que El quiere que seamos (Filipenses 1:6). ¡El no promete que será fácil, pero garantiza los resultados!

CAPITULO III
La estrategia de Dios

¿Cómo se produce esta mujer virtuosa? A lo largo de los siglos las mujeres han leído sobre la mujer del capítulo 31 de Proverbios y han querido ser como ella. ¿Pero cómo lograrlo? Hemos mencionado su esfuerzo y dedicación para tratar de vivir la vida según los principios de Dios, pero también hemos dicho que es producto de la obra de Dios en ella. ¿Quién es el artífice, entonces? Si quieres llegar a ser una *compañera eficaz*, ¿lo hará Dios a través tuyo o tendrás que lograrlo tú? Estos son los dos extremos a los que la gente tiende a llegar al considerar la obra del Espíritu Santo en su vida.

YO DEBO HACERLO TODO (o el camino de la culpa)

Uno de los extremos es exagerar el papel del individuo. Susana es una mujer de ese tipo. Cree que las personas son responsables por su propio progreso espiritual, así que lee los mandamientos de las Escrituras y luego se traza un plan para obedecerlos. Después de leer un libro o de asistir a un seminario sobre el matrimonio, se dispone a hacer todo lo que puede para practicar los principios enseñados. El problema es que cae en un ciclo de frustración. Cuanto más se esfuerza más falla. Cuanto más falla más culpable se siente. Cuanto más culpable se siente, más se esfuerza. Y sigue así continuamente, aparentemente atrapada en una vida de frustración. Ha reducido el Nuevo Testamento a un conjunto de reglas o leyes, y hace lo mismo con los libros o seminarios a los que asiste. Como no tiene clara la forma en que Dios puede ayudarle en su lucha, está atrapada en un ciclo vicioso.

Libros, seminarios, exhortaciones del Nuevo Testamento

Esfuerzo

Sentimientos de culpabilidad

Fracaso

Las exhortaciones del Nuevo Testamento a una mujer virtuosa le parecen una carga aterradora. Las ve como leyes formales que deben ser obedecidas. Constantemente compara su vida con la de otras mujeres que parecen estar desempeñando su papel de esposas mucho mejor que ella. Su experiencia con la ley es similar a aquella del apóstol Pablo: "Porque yo no entiendo qué es lo que me pasa, pues no hago lo que quiero, sino que aquello que odio es precisamente lo que hago" (Romanos 7:15, VP).

El problema de Susana se complica porque su esposo tiene perturbaciones emocionales severas. Pasa mucho tiempo sumido en profundas depresiones, y descarga su frustración sobre ella y los chicos. Cuanto más se esfuerza ella por ser "lo que se supone que debe ser", parece que más reveses recibiera. El gasta su dinero irresponsablemente, da cheques sin fondos a todo el mundo, su estilo de vida es inmoral, y todo eso está afectando a los chicos. Todos los intentos de Susana por amarlo son rechazados con indiferencia, agresión e insensibilidad. Ella está emocionalmente agotada, pero se siente culpable porque es incapaz de responder a su situación en la forma en que la señora que presentó el seminario dijo que se debía actuar. Entonces la culpa se acrecienta.

DIOS LO HACE TODO (o la salida mística)

María, por el otro lado, piensa que Dios lo hará todo. Su lema es: "No hagas nada, deja que Dios lo haga todo". Cree que con sólo creer en Jesús, el Espíritu Santo hará toda la obra en ella. Dios por sí solo hará desaparecer sus defectos.

Usa un vocabulario muy espiritual y realmente suena como una candidata a la canonización, pero su esposo no aguanta vivir con ella. El no es cristiano y le ofende sumamente el tono "espiritual" con que habla ella. Su casa está generalmente hecha un desastre, no es una buena esposa, y sus hijos son de los más indisciplinados de la cuadra. Ella está simplemente "confiando en Jesús" y esperando que El obre a través de ella. Todo el mundo la ve como una cristiana victoriosa. Dice las palabras correctas y habla en términos pomposos de cómo el Señor obra a través suyo en tal o cual circunstancia.

En su interior, sin embargo, María se siente desdichada. Sabe en su corazón que su vida no se equipara a su lenguaje espiritual. En consecuencia, se siente interiormente frustrada, porque no importa cuántas veces diga que "Dios obra a través de ella", en realidad Dios no parece estar haciendo mucho. Sinceramente quiere ser mejor esposa y madre, pero su cristianismo no está produciendo los resultados esperados. Nunca ha llegado a advertir que parte del problema podría ser su concepto de la vida cristiana. Por lo tanto, siempre está buscando el "secreto" de la vida cristiana, y se preocupa especialmente por algunos aspectos inusuales o especiales de las manifestaciones del Espíritu Santo. Pero resulta que mientras ella espera sentada que Dios obre en ella, no sólo acumula frustración y sentimiento de culpa, como Susana, sino que ha comenzado a perder gran cantidad de tiempo y energía buscando el "secreto" de la plenitud del Espíritu Santo.

Una joven mujer con la actitud de María me dijo una vez que sabía que Dios no quería que ella se levantara a tener un momento devocional por la mañana, porque, según explicó: "Le dije a Dios que si quería que me levantara a tener un tiempo devocional, me despertara a las 6:30; pero no me desperté hasta las 7:30". Cuando le pregunté si tenía reloj despertador, me contestó que ella no hacía nada si Dios no la motivaba. Dios lo hacía todo, y ella sólo haría lo que sentía que Dios la motivaba a hacer.

EL EQUILIBRIO: 100 POR CIENTO + 100 POR CIENTO

Filipenses 2:12,13 pone las cosas en su lugar: "Por tanto, amados míos, como siempre habéis obedecido, no como en mi presencia solamente, sino mucho más ahora en mi ausencia, ocupaos en vuestra salvación con temor y temblor, porque Dios es el que en vosotros produce así el querer como el hacer, por su buena voluntad". La Versión Popular lo dice así: "Por tanto, queridos hermanos míos, así como ustedes me han obedecido siempre cuando he estado con ustedes, obedézcanme más ahora que estoy lejos. Ocúpense de su salvación con humildad y temor; pues Dios es el que les da los buenos deseos, y les ayuda a llevarlos a cabo, según su buena voluntad".

Pablo les enseña a los filipenses que deben hacer lo que Dios quiere que hagan en razón de su amor y perdón incondicional hacia ellos. Deben obedecer, sin esperar que Dios produzca en ellos el deseo de obedecer, por lo que El hizo por ellos al darles vida eterna y abundante en Jesús. Deben hacer lo bueno y abstenerse de lo malo. Y la razón por la que serán capaces de hacerlo es que Dios estará constantemente obrando a través de ellos por el Espíritu Santo, ayudándoles a querer obedecer y luego ayudándoles a hacer todo lo que El requiere.

Este es el equilibrio. No es 100 por ciento Dios o 100 por ciento yo; tampoco es 50 por ciento Dios y 50 por ciento yo. Es 100 por ciento Dios y 100 por ciento yo: ambos haciendo el 100 por ciento juntos. Nuestra relación con Dios se parece mucho a la relación con nuestro esposo: cada uno debe dar el 100 por ciento.

EL 100 POR CIENTO DE DIOS

Sin embargo, en la relación conyugal siempre existe la posibilidad de que alguno de los dos falle, hiera al otro, decida irse o quebrante su promesa de entrega. En nuestra relación con Dios sólo uno de los miembros puede fallar, herir u olvidar, ¡y te garantizo que no es Dios! Veamos todo lo que ya hizo por nosotros y lo que hace por nosotros cada día.

NUEVA POSICION

"Al que no conoció pecado, por nosotros lo hizo pecado, para que nosotros fuésemos hechos justicia de Dios en él" (2 Corintios 5:21). ¡Nosotros, que somos pecadores, hemos sido declarados justos! Estamos bajo la gracia; estamos justificados. Si conoces a Jesucristo como tu Salvador personal y Señor, no hay nada que puedas hacer para aumentar o disminuir el amor de Dios hacia ti. Si yo leyera la Biblia durante doce horas e hiciera veintinueve buenas obras por día, Dios no me amaría más de lo que ya me ama. (¡Le *sorprendería* enormemente si yo leyera la Biblia doce horas diarias, pero no aumentaría su amor por mí!) Podemos interpretar "justificados" como si dijera "tal como si nunca hubiéramos pecado". Dios no recibe a nadie por el hecho de que viva al nivel que señala Proverbios 31, sino solamente por los méritos de su Hijo.

¿Alguna vez te has sentido fracasada como esposa? ¡Yo sí! Qué alivio saber que Dios no me acepta según el éxito que tengo en hacer lo que El quiere que haga. En virtud de la muerte de Cristo, todas las barreras que impiden la plena comunión con Dios han sido quitadas. Soy plenamente aceptada, no por lo que yo hago sino por los méritos de Cristo. Me presento ante Dios en el nombre de Jesús y no por mis éxitos.

NUEVA PERSONA

Regenerar es otorgar nueva vida y vigor, renovar espiritualmente. Esto es exactamente lo que Pablo describe en 2 Corintios 5:17: "De modo que si alguno está en Cristo, nueva criatura es; las cosas viejas pasaron; he aquí todas son hechas nuevas".

Dios nos ha dado una nueva naturaleza, que implica una nueva motivación hacia la santidad. Esto se comprueba en el mismo hecho de que deseas entender qué es lo que Dios quiere que sepas respecto a ser una mujer para El en el hogar. Es lo que Pedro llama desear la leche espiritual de la Palabra (1 Pedro 2:2) y es característico de todo el que conoce personalmente a Cristo. ¡Agradécele a Dios que te ha dado ese deseo! Ese deseo viene de El y en sí mismo es evidencia de que Dios está obrando en tu vida. Los que están lejos de Cristo nada saben en cuanto a ese deseo. Esta es una de las razones por las que la tasa de divorcios es tan alta. Dios te ha dado el deseo de ser el tipo de *esposa virtuosa* que hará que tú y tu familia vivan una vida plena. ¡Alábalo por lo que El ya ha hecho!

NUEVO PODER

¿Te gustaría ser "separada como santa, para ser consagrada"? ¿A qué no sabes una cosa! Dios ya ha prometido hacer esto a medida que te hace progresivamente más semejante a El. En el momento de recibir al Señor Jesús como tu Salvador, Dios te dio el Espíritu

Santo, que te enseñara las cosas profundas de Dios, te guiará a toda verdad y te dará poder para vivir la vida cristiana. Dios sabe que nunca podríamos lograr esto por nuestra cuenta.

Dios ha hecho mucho por nosotros en el pasado, pero sin embargo resulta fácil tomar en cuenta nuestras circunstancias actuales y olvidar su fidelidad. Recientemente estaba leyendo los libros del Génesis y Exodo y me sentí sobrecogida otra vez por los maravillosos milagros que Dios hizo por el pueblo de Israel. Leí acerca de las diez plagas que trajo sobre Egipto para convencer a Faraón que dejara salir al pueblo, y luego sobre el viaje que los llevó hasta el mar Rojo.

Imagina que eres una en esa multitud, temblando, llena de pánico al lado del agua, mientras el ejército de Faraón los persigue a toda velocidad. La única forma de no morir a espada es morir ahogada. ¡Luego, mientras el sol se está poniendo, un fuerte viento se aproxima y separa el agua delante de tus ojos, descubriendo un camino en medio del mar! Una exclamación de los que están detrás tuyo te hace dar vuelta rápidamente, y ves una gigantesca columna de fuego que se interpone entre ustedes y los carros egipcios. Durante toda la noche el resplandor ardiente ilumina el campamento y el camino que se ha secado en el fondo del mar, mientras que del otro lado de la columna los egipcios han quedado sumidos en la oscuridad total, esperando la luz del día para continuar su persecución.

Con las primeras luces del alba, Moisés da la orden. Dudando por un momento entre las altas paredes de agua de cada lado del camino, y los sonidos rechinantes, alaridos y quejidos del campamento egipcio, marchas hacia adelante, bajando hacia el ahora firme piso del mar y yendo hacia el otro lado. Cuando están terminando de cruzar los últimos de tu pueblo, ¡los enemigos entran a la carrera por el mismo camino en medio del mar! El pánico te sobrecoge otra vez, pero luego ves a Moisés extender su brazo sobre el agua, y con un rugido poderoso las paredes de agua caen estrepitosamente sobre los egipcios. Sus armaduras pesadas y sus carros los llevan al fondo del agua, que los cubre. En pocos minutos, no queda ni rastro de tus enemigos. ¡Dios te ha liberado! ¡*Nunca* podrás dudar de Dios otra vez, después de semejante serie de milagros!

¿O sí? ¡Nosotros los humanos olvidamos tan fácilmente! La historia nos dice que sólo tres días después los israelitas empezaron a quejarse contra Moisés a causa de las dificultades.

Es fácil para nosotros pensar "¿Cómo podían hacer eso?" Pero un vistazo a nuestra propia vida nos muestra lo rápido que olvidamos todo lo que Dios ha hecho por nosotros. Continuamente se nos exhorta en las Escrituras a "recordar lo que Dios ha hecho". Estoy convencida de que si lo hacemos, hará una tremenda diferencia en nuestra vida, al recordar que Dios no sólo nos justificó y regeneró, sino que se ha dado a sí mismo para ser nuestro compañero. No nos ha dejado solas para vivir la vida cristiana, sino que de hecho ha venido a vivir dentro nuestro para darnos poder a cada una para ser una *esposa virtuosa*.

NUEVAS PROMESAS

Ahora bien, ¿cómo podemos experimentar este poder en nuestra vida? La respuesta a esta pregunta nos lleva a considerar lo que Dios promete hacer. No sólo debemos ver lo que ya ha hecho, sino pedir por fe lo que promete hacer.

NUNCA NOS DEJARA

Me han dicho que hay más de siete mil promesas en la Biblia. Una de mis favoritas se encuentra en Hebreos 13:5: ". . . no te desampararé, ni te dejaré". Suena hermoso, ¿verdad? Pero es aún mejor cuando se entiende totalmente su significado. En el griego, idioma en el que se escribió el Nuevo Testamento, existe lo que se llama triple negación. Se usa cuando el autor quiere ser sumamente enfático. Este es el único versículo en el Nuevo Testamento en el que se usa la triple negación, y se traduce literalmente así: "Nunca, nunca, nunca, bajo ningún concepto te dejaré indefensa, ni te abandonaré, ni te dejaré de sostener, decididamente no". ¡Eso sí que es una promesa! ¡Y hay 6.999 más promesas así!

HACERNOS SEMEJANTES A CRISTO

Observa la conocida frase de Pablo: "Y sabemos que a los que aman a Dios, todas las cosas les ayudan a bien, esto es, a los que conforme a su propósito son llamados" (Romanos 8:28). Con demasiada frecuencia nos detenemos ahí, desconociendo el versículo siguiente. ¿Cuál es su propósito? ". . . a los que antes conoció, también los predestinó para que fuesen hechos conformes a la imagen de su Hijo, para que él sea el primogénito entre muchos hermanos" (v. 29).

Ciertamente, todo se coordina para nuestro bien, ¿pero qué es ese bien? Lo *bueno* se define aquí como la semejanza a Cristo, como la posesión del fruto del Espíritu Santo en nuestra vida. Este fruto se describe en Gálatas 5:22,23 como amor, gozo, paz, paciencia, benignidad, bondad, fe, mansedumbre, templanza. ¿No te gustaría poseer estas cualidades? Según Romanos 8:28,29, Dios obra a través de las pruebas y las alegrías de tu matrimonio con este propósito final, desarrollar en tu vida estas hermosas cualidades.

Considera Romanos 5:2: "Pues por Cristo gozamos del favor de Dios por medio de la fe, y estamos firmes, y nos alegramos con la esperanza de tener parte en la gloria de Dios. Y no sólo esto, sino que también nos alegramos en el sufrimiento; porque sabemos que el sufrimiento nos da firmeza para soportar, y esta firmeza nos permite salir aprobados, y el salir aprobados nos llena de esperanza. Y esta esperanza no nos defrauda, porque Dios ha llenado con su amor nuestro corazón por medio del Espíritu Santo que nos ha dado" (Versión *Dios habla hoy*).

¿Has considerado tu circunstancia actual a la luz del propósito eterno de Dios? A menudo las mismas cosas que rechazamos y por las cuales protestamos son las herramientas especiales de Dios para modelarnos a la imagen de su Hijo. Aunque ahora no podamos ver la solución a un hijo que es un problema, a un esposo insensible, a un problema financiero o sexual, sí vemos que Dios no nos ha abandonado, y podemos estar seguras de que tiene un propósito definido, basado en su amor, al permitir eso en nuestra vida. Esta perspectiva es fundamental para poder experimentar el poder del Espíritu Santo.

NINGUNA TENTACION ES DEMASIADO GRANDE

"No os ha sobrevenido ninguna tentación que no sea humana; pero fiel es Dios, que no os dejará ser tentados más de lo que podéis resistir, sino que dará también juntamente con la tentación la salida, para que podáis soportar" (1 Corintios 10:13). Cada una de nosotras está en etapas diferentes de la vida, tiene un esposo diferente, y algunas de nosotras tenemos problemas en nuestra vida o en nuestro matrimonio que nos parecen demasiado agobiantes, imposibles de superar. Dios promete que no nos vendrá ninguna tentación demasiado grande y que El proveerá a cada una la forma de soportarla. A veces nuestro problema es simplemente que no estamos sinceramente entregando nuestras aflicciones al Señor y buscando su rostro, sino tratando de superarlas solas.

EL CUIDADO CONSTANTE DE DIOS

". . . echando toda vuestra ansiedad sobre él, porque él tiene cuidado de vosotros" (1 Pedro 5:7). Dios quiere que le carguemos todos los problemas y ansiedades sobre sus fuertes hombros, porque El nos ama y se preocupa por nosotros. ¿Cómo se hace esto? Por un acto de la voluntad. Decides que el problema debe ser entregado al Señor y simplemente *lo dejas* en sus manos. Puesto que somos tan propensos a no creer, después de dos minutos de decidido entregarle el problema encontramos que los viejos temores, dudas y preocupaciones están volviendo. Es como si le hubiéramos dejado el problema a El y luego dijéramos: "Señor, déjame tenerlo otra vez por un rato. No estoy totalmente segura de que lo puedas manejar. Creo que puede ayudar a la situación si yo me preocupo y desespero uno o dos días más".

Entrégaselo a El, y déjalo en sus manos. Cuando las dudas regresen cada dos minutos, vuelve a entregarle el problema por otro acto de tu voluntad, y otro, y otro, y otro, hasta que sientes que realmente lo has confiado totalmente en sus manos. Puede llevar varios días y tal vez semanas hasta que realmente seas capaz de dejarlo. Esto es parte de la lucha de la vida cristiana. Es por eso que el autor de la carta a los Hebreos, paradójicamente, exhorta: "Procuremos, pues, entrar en aquel reposo" (Hebreos 4:11). ¡Requiere esfuerzo entrar en el reposo!

Vemos otra vez el equilibrio de la vida cristiana en Filipenses 4:13: "Todo lo puedo en Cristo que me fortalece". *Yo* puedo hacer todas las cosas a través de *Cristo* que me fortalece. Dios ha prometido sernos fiel, no dejarnos nunca, darnos el poder y la fuerza para vivir la vida cristiana. ¿Cómo podemos llegar a experimentar lo que Dios promete hacer?

EL 100 POR CIENTO DEL HOMBRE

Puede resumirse en un sólo breve versículo: 1 Corintios 4:2 que dice: "Ahora bien, se requiere de los administradores, que cada uno sea hallado fiel". El mundo dice: "Un hombre debe ser exitoso, rico, famoso, y atractivo". ¡Pero Dios requiere sólo una cosa: que seamos fieles!

¿No te trae a la memoria la parábola de los talentos en Mateo 25? Jesús relata la historia de un hombre que iba a salir de viaje. Llamó a sus sirvientes y le dio a uno de ellos cinco monedas (llamadas talentos), a otro dos y al tercero una.

Al regresar llamó a sus siervos para evaluar lo que habían hecho con lo que se les había entregado. Al ver que el primer siervo había invertido los cinco talentos y ahora tenía diez, lo alabó: "Bien, buen siervo y fiel; sobre poco has sido fiel, sobre mucho te pondré; entra en el gozo de tu señor". El siervo que había recibido dos talentos también los había duplicado y recibió la misma alabanza.

Pero el tercer sirviente había enterrado su talento y no lo había multiplicado. No recibió alabanza sino el enojo de su señor. El asunto aquí no es la cantidad de talentos que se ha recibido sino cómo se los usa. ¿Eres un siervo fiel? Esta es la parte del hombre, confiar y obedecer. Cuando lo hacemos, empezamos a experimentar que Dios obra en nosotros.

CONFIAR

¿Confiar en qué? ¿En una palabra? La confianza es en una persona: Jesucristo. Estás confiando en El por lo que ya ha hecho y por lo que ha prometido hacer. Si quieres experimentar la libertad del Espíritu en tu vida, debes comenzar a relacionar cada circunstancia y cada situación de tu matrimonio a estas promesas. Deben llegar a ser tu forma de ver la vida. ¡Al menos puedes empezar memorizándolas!

La próxima vez que tu esposo te ofenda, no lo verás como un dolor irritante y fuera de lugar, sino que lo vincularás a las promesas de Dios de obrar a través de ese dolor para hacerte más semejante a Cristo. La reacción correcta es: "Dad gracias en todo, porque esta es la voluntad de Dios para con vosotros en Cristo Jesús" (1 Tesalonicenses 5:18). "Es verdad que ninguna disciplina al presente parece ser causa de gozo, sino de tristeza; pero después da fruto apacible de justicia a los que en ella han sido ejercitados" (Hebreos 12:11). La cosecha de la justicia no se ve de inmediato; pero se anhela. "Es, pues, la fe la certeza de lo que se espera, la convicción de lo que no se ve" (Hebreos 11:1).

A veces los problemas son tan grandes que nos parece imposible continuar confiando. Sin embargo Dios se regocija en la mujer que confía en El cuando todas las circunstancias parecen imposibles.

Considere a Abraham, "Por la fe Abraham, siendo llamado, obedeció para salir al lugar que había de recibir como herencia; y salió sin saber a dónde iba" (Hebreos 11:8). El confió en Dios con una fe inconmovible. Dios le prometió una tierra y una simiente a pesar de que sólo era dueño de una caseta de campaña y un predio de terreno lo suficientemente grande como para enterrar a su esposa.

Por fe, debemos pedir lo que Dios ha prometido como si ya fuera nuestro. ¿Cómo se hace esto? Viniendo al Señor en oración y reclamando verbalmente la promesa, agradeciéndole por la promesa y expresando tu confianza en que El ha de cumplir su promesa según su *tiempo bueno y perfecto*. El sabe lo que es mejor para nosotros y por lo tanto se preocupará de que las promesas se cumplan en la forma más perfecta.

Nosotros hacemos lo posible por fe, confiando a Dios lo imposible. Déjame darte una ilustración de cómo encontré que esto funcionaba en mi vida.

Temprano una mañana durante el invierno pasado, me tocaba llevar en automóvil a la escuela a los chicos de la cuadra. Llovía de una manera copiosa e inesperada. Las calles estaban resbalosas, yo estaba cansada y los tres chicos estaban peleando en el asiento trasero del vehículo. (¡Parece haber una relación entre llevar chicos en automóvil y el despertar de instintos bélicos!)

Mientras bajaba por el sinuoso camino meditaba sobre la parte de Dios y la mía. Silenciosamente en oración le dije a Dios que odiaba manejar en la lluvia pero que deseaba hacer todo lo que pudiera y que quería ser fiel en hacer mi parte. Le dije que haría todo lo posible para manejar con prudencia, pero que sabía que sólo El podía cuidarnos a mí y a mis tres preciosos pasajeros.

Les hablé a los chicos y dejaron de pelear. Sujeté fuertemente el volante, encendí las luces, manejé despacio, y permanecí tan atenta como pude. Treinta segundos después de susurrar mi oración, se me pinchó una goma. Justo adelante había un espacio suficientemente grande como para sacar el auto de la ruta; el único espacio en un kilómetro y medio donde era posible salirse de la ruta. ¿Y me creerán si les digo que del otro lado de la calle estaba la única estación de servicio que había en varios kilómetros? El empleado nos recibió a mí y a los chicos en la puerta con un: "¡Qué cosa, señora, usted es afortunada! ¡Podría haber tenido un terrible accidente!"

¿Suerte? No. ¿Bendición? Claro que sí. Bendecida por un Padre amante que quiere que yo sea fiel en hacer mi parte, y vez tras vez El es fiel en la suya.

OBEDECER

El segundo aspecto de la fidelidad es la obediencia constante. No debemos obedecer como María, que sólo está "confiando" en Jesús y nunca lo está realmente obedeciendo, ni debemos hacer como Susana, que está tan concentrada en obedecer que se siente siempre culpable. Debemos confiar y obedecer. Ese es nuestro 100 por ciento.

Vuelve a leer la historia de Lázaro (Juan 11). El hermano de Marta y María, y amigo íntimo de Jesús, había muerto y sido enterrado cuatro días antes de que Jesús llegara a su hogar en Betania. María y Marta le dijeron con lágrimas a Jesús que si El hubiera estado allí, Lázaro no hubiese muerto. Después de pedirles que le mostraran dónde lo habían puesto, Jesús ordenó que quitaran la gran piedra que aseguraba la entrada del sepulcro, y con voz fuerte ordenó al muerto que saliera. Cuando Lázaro apareció en la puerta, todavía envuelto en las túnicas mortuorias, Jesús le ordenó a la gente que se las quitaran.

¿Adviertes el principio implícito en la historia? Jesús le pidió a la gente que hiciera todo lo que ellos podían hacer: mostrarle la tumba, correr la piedra, quitar las túnicas. Y El hizo lo que ellos no podían hacer: ¡levantar a Lázaro de entre los muertos!

He visto a algunos creyentes sentarse literalmente a esperar que Dios les motive. Algunas esposas me han dicho que Dios no les ha dado un sentimiento de amor por sus esposos. Dios *sí* motiva, *sí* produce sentimientos, pero generalmente como resultado de nuestra obediencia. Debemos hacer primero una decisión de nuestra voluntad ("Voy a ser el tipo de persona que Dios quiere que sea") y luego *actuar*, tomando una decisión obediente para con Dios. Dios promete que El obra en nosotros haciendo su parte. ¡Y eso es emocionante!

Parece ser que Dios realmente quiere que entendamos cómo funciona esto, porque nos ha dado un libro completo en la Biblia que muestra este concepto tan claramente como si hubiera pintado un cuadro. Si nunca has estudiado el libro de Efesios, ¡toma tu Biblia y empieza ahora! ¡Te garantizo que te va a entusiasmar!

Advierte que los tres primeros capítulos de la carta de Pablo a la iglesia en Efeso son una descripción de todas las cosas gloriosas que Dios ha hecho y que está haciendo por nosotros. La primera mitad del libro es un hermoso tratado sobre el amor y la gracia de Dios hacia nosotros en Cristo Jesús.

¿No notas que falta algo en estos tres primeros capítulos? ¡Correcto! No hay un solo mandamiento. Pablo es un gran exhortador, así que esto resulta extraño.

Pero espera; aquí vienen los capítulos cuatro, cinco y seis. En ellos se nos dan treinta y tres mandamientos; ¡treinta y tres cosas que debemos hacer en respuesta a lo que Dios ya ha hecho! Dios ha hecho su 100 por ciento y continúa siendo fiel hacia nosotros, y ahora nosotros debemos hacer nuestro 100 por ciento. Es como si Pablo nos dijera: "Miren cuánto nos ha dado Dios. Vean su amor incondicional y su aceptación, deléitense en su gracia y vean cuánto se les ha dado, y *entonces* respondan. Respondan dándose ustedes mismos, esforzando su voluntad, y afirmándose en la *obediencia*. Respondan haciendo y siendo lo que Dios ha ordenado".

UN PROCESO QUE DURA TODA LA VIDA

Aprender a obedecer y confiar es un proceso que requiere repetición y disciplina. Pablo dice: ". . . Ejercítate para la piedad" (1 Timoteo 4:7). La santidad es el resultado de un entrenamiento. Se dijo de Jesús: "Y aunque era Hijo, por lo que padeció aprendió la obediencia" (Hebreos 5:8).

Dios quiere hacer de ti una *esposa virtuosa* para tu esposo. Quiere que el producto terminado sea una obra suya. "Porque somos hechura suya, creados en Cristo Jesús para buenas obras, las cuales Dios preparó de antemano para que anduviésemos en ellas" (Efesios 2:10). Dios nos ha dado el Espíritu Santo para que nos fortalezca y guíe. Ese poder se libera cuando disponemos nuestra voluntad para obedecer, a la vez que confiamos en que es la voluntad de Dios obrar en nosotros. Nuestra confianza proviene de la certidumbre de que somos incapaces de vivir como Dios quiere; nuestra obediencia resulta de nuestra confianza en que si le obedecemos El cumplirá su promesa, y su Espíritu Santo nos conformará a su imagen.

Es un proceso que lleva toda la vida. Si Dios quiere producir un repollo, lo puede hacer en pocos meses, pero si quiere hacer crecer un roble, ha establecido que le llevará una vida hacerlo. Dios quiere producir creyentes de roble; creyentes con raíces profundas, que han aprendido a obedecer, que tienen "troncos fuertes" que no se quiebran fácilmente por el viento o las pruebas. Espera sus propósitos finales, y decide en tu interior ser fiel confiando y obedeciendo ahora. Esa es nuestra parte. La parte de Dios es hacer, a través del poder del Espíritu Santo, lo que El ha prometido hacer a su modo y en su tiempo.

A esta altura debes estar protestando: "Creía que éste era un libro sobre cómo ser una esposa virtuosa. En vez de hablar de mi matrimonio está hablando sobre mi relación con Dios. ¡Quizás me equivoqué de libro!" Pensaste que ibas a aprender cómo ser creativa, amante, organizada y todas las otras cualidades que harán de tu matrimonio un romance. ¡Sí! Pero en el proceso serás bombardeada con tus responsabilidades como esposa, madre, mujer, y creyente, y eso puede ser abrumador. De modo que primero debemos enfocarnos a nosotros mismos en el contexto de Dios y su fidelidad hacia nosotros. Mira cómo Dios está obrando en tu vida, moldeándote, cambiándote, estimulándote y ayudándote. Dios nunca va a claudicar contigo, ni siquiera en esos días en que te quejas: "*¡Nunca* llegaré a ser una *esposa virtuosa!*" Dios quiere que seas una *esposa virtuosa.* El está ahí, y nunca te dejará ni te abandonará.

Ahora, armadas con sus promesas, ¡comencemos!

CAPITULO IV
La planificación de prioridades

"Enséñanos de tal modo a contar nuestros días, que traigamos al corazón sabiduría" (Salmo 90:12).

Una amiga mía tomó al pie de la letra estas palabras del Salmo y numeró los días que tendría en la tierra si llegaba a vivir hasta los setenta años. Tenía treinta años entonces, y descubrió que si vivía cuarenta años más tendría 14.600 días. Esto significó un gran desafío y una gran motivación para ella: cuarenta años le habían parecido mucho tiempo hasta que los separó en días y advirtió cuán velozmente pasa la vida. Resolvió entonces vivir cada día al máximo. Pero como muchos de nosotros, su celo duró una semana, y luego se olvidó del asunto. Cuando se acordó y volvió a contar sus días, habían pasado varios años, ¡y descubrió que sólo le quedaban 12.000 días! "¿Dónde se fueron?", se preguntaba, "¿qué hice con esos 2.600 días?"

¿Qué hacemos *nosotros* con nuestros días? Nuestros compañeros varones siempre parecen saber qué hacen con los suyos. Los hombres generalmente se fijan más metas que las mujeres; un hombre por lo común tiene su vida dispuesta delante suyo y sabe hacia dónde va: dentro de cinco años será jefe de sección en su compañía, en diez años más iniciará su propio negocio, ¡y en quince tendrá un buen ingreso!

¿Cuántas mujeres tienen planes así? La mayoría de nosotras sólo deja fluir un día tras otro, una semana tras otra, un mes tras otro, y antes de advertirlo, ya ha pasado otro año. ¿Es Año Nuevo una fecha en que puedes reflexionar satisfecha, o eres como mi vecina, que me dijo en enero que no podía recordar nada que hubiera concretado en el año anterior?

Al final de su vida el apóstol Pablo pudo decir: "He peleado la buena batalla, he acabado la carrera, he guardado la fe... por lo demás, me está guardada la corona de justicia..." (2 Timoteo 4:7,8). Son demasiadas las mujeres que al aproximarse al final de la vida, se lamentan interiormente: "He peleado una batalla mediocre como esposa y madre. No he corrido bien mi carrera". ¡Qué tragedia! Pero puedes hacer algo por tu propia vida ahora.

¿Cuál es *tu meta* en la vida? ¿Al menos tienes una? La mayoría de nosotras no pensamos en términos de toda una vida; estamos preocupadas por tener el lavado hecho el lunes y preparar la cena para esta noche. Tómate un minuto ya mismo y escribe en un párrafo o menos la meta de tu vida. Yo he pensado mucho sobre esto y he decidido que, dicho sencillamente, mi meta es ser una mujer cristiana, y ser todo lo que Dios quiere que sea como mujer, esposa y madre.

¿Suena lindo en el papel, verdad? ¿Pero cómo voy a cumplir tamaño propósito? Pensemos por un minuto juntas. ¿Cuáles son las áreas de responsabilidad que constituyen el mundo de la mujer? Escribe tu respuesta. Yo encontré que abarcaba la de los niños, la del esposo, Dios, yo misma, la casa y el trabajo u otras ocupaciones afuera. ¿Cómo fijar las prioridades a fin de vivir cada día al máximo y llegar a ser más parecida a la mujer virtuosa de Proverbios 31?

PRIORIDAD NO. 1: DIOS

"Mas buscad primeramente el reino de Dios y su justicia, y todas estas cosas os serán añadidas" (Mateo 6:33).

Nuestra relación con Dios debe venir primero. ¿Por qué? Porque necesitamos la perspectiva de Dios para todas las otras áreas de la vida. Vemos esto en su mandamiento: "Así que, pongan toda su atención en el reino de Dios y en hacer lo que Dios requiere, y recibirán también todas estas cosas" (Mateo 6:33, VP).

"Jesús le dijo: Amarás al Señor tu Dios con todo tu corazón, y con toda tu alma, y con toda tu mente. Este es el primero y grande mandamiento" (Mateo 22:37,38).

Dios sabe que necesitamos pasar cierto tiempo con El para llegar a conocerle y a aprender su plan para nuestra vida.

Uno de los más grandes y frecuentes errores que las mujeres hacemos es sustituir una *relación* con Dios por *actividades* para El. Exteriormente, estamos ocupadas atendiendo los asuntos de la iglesia, pero interiormente nuestra relación con Cristo está estancada.

Siempre me he podido identificar con Marta en el Nuevo Testamento. Cuando Jesús vino a visitar a Marta, a María y a Lázaro, encontramos a María sentada a sus pies aprendiendo de El (Lucas 10:39). María es mencionada cinco veces en el Nuevo Testamento, y todas las veces se la encuentra a los pies de Jesús. Y luego vemos a Marta. Está corriendo de aquí para allá como lo haríamos muchas de nosotras, preparando la comida, atendiendo a los invitados, acomodando la casa. Marta es la organizadora. La contribución de Marta *era* importante, sin embargo cuando se quejó a Jesús de que María no la estaba ayudando, El le respondió que María había elegido la "buena parte".

Cristo no estaba diciendo que organizar, cocinar y servir no son importantes. Lo son, y podemos encontrar mucho gozo al hacer estas cosas. Sin embargo toda la actividad del mundo no podrá darnos la paz y el gozo de una relación vital con Jesucristo. Necesitamos pasar más tiempo a los pies de Jesús.

Para conocer a Jesús de una forma personal, necesitamos enfocar nuestra atención en cuatro áreas primordiales:

HABLAR CON DIOS

Si yo hablara con Jody sólo de once a doce los domingos por la mañana, ¿cuánto lo conocería? La oración, que equivale a hablar con Dios, es esencial para construir una relación profunda con Jesucristo. 1 Tesalonicenses 5:17 dice que debemos orar sin cesar. ¡Nadie puede orar todo el tiempo! Este versículo describe una actitud de oración. Yo lo analizo de esta forma: cada vez que mi mente no está comprometida (como cuando limpio una bañadera) mis pensamientos pueden tender a la oración en lugar de volar hacia el resentimiento, la ansiedad, la frustración. Puedo agradecer a Dios por mis hijos mientras lavo los platos y pedirle su ayuda cuando manejo camino a la escuela.

Marcos 1:35 describe a Jesús levantándose temprano para encontrarse con su Padre. Esto parece indicar que los creyentes necesitan tiempos específicos de oración además de las oraciones breves a lo largo del día. La oración requiere esfuerzo, y por eso la mayoría de nosotros la evitamos. Hay tantas cosas por las que podemos orar, que tememos que si alguna vez nos arrodillamos no podremos levantarnos más.

Una amiga cristiana muy imaginativa tomó los días de la semana y los usó como guía de oración. ¡Usando esta guía siente que abarca todas las necesidades de oración!

LUNES	— misioneros
MARTES	— tareas
MIERCOLES	— vicisitudes y necesidades
JUEVES	— acción de gracias
VIERNES	— amigos
SABADO	— creyentes
DOMINGO	— pecadores

"Muy bien", dirás, "pero, ¿cómo hacerlo? ¡No creo que a mí se me ocurran suficientes frases religiosas como para orar tanto tiempo!" Tranquilízate. Dios no quiere un recital de un libro de oraciones. Quiere que seas tú misma. Quiere que uses las palabras que normalmente usas al conversar con tus amigos o tu esposo. (Puesto que es tu Padre, inclusive puedes decirle "Tú", y usar el "quieres".) También quiere que seas específica. En lugar de "Gracias por todas las bendiciones recibidas", prueba decir "Gracias por proveer el dinero extra con el que pagamos la cuenta de la farmacia este mes".

Dios anhela que le digas todas las cosas que te han hecho feliz y las que te producen verdadera preocupación. Nada es demasiado pequeño para su interés, nada está fuera de su dominio. A veces pensamos que hay ciertos asuntos que son inapropiados para sus oídos. Una esposa vino a consultarme sobre su relación sexual con su esposo. Después de un rato de conversación le pregunté si alguna vez había orado por el asunto. Retrocedió impresionada y exclamó: "¡Oh, no! ¡No hablo con Dios sobre *esas* cosas!" Qué tristemente irónico es que nosotros, criaturas del Creador, sintamos que El no entendería ciertos aspectos de nuestra vida. Nuestro Padre celestial nos conoce por dentro y por fuera y añora conversar con nosotros sobre cada detalle de nuestra existencia.

COMO BEBES RECIEN NACIDOS

Así como le hablamos a Dios en oración, necesitamos escucharlo a través de las Escrituras. Pedro dice que como bebés recién nacidos debemos desear "la leche espiritual no adulterada" de la Palabra, para que crezcamos por ella (1 Pedro 2:2). Cualquiera que haya criado a un bebé sabe que éste no solicita su leche suave y mansamente, con un: "Si no te fuera mucha molestia, por favor". Chilla, patalea y se enoja hasta que le llega la leche, se arroja con desesperación y succiona furiosamente. Actúa como si se fuera a morir de hambre si se demora un segundo más. ¡Esta debiera ser nuestra actitud hacia la Palabra! Ninguna otra cosa puede satisfacer plenamente el hambre de nuestro ser interior. Nuestro problema es que no advertimos lo hambrientos que estamos.

Dios también dice que su Palabra será lámpara a nuestros pies y luz en nuestro camino. Todo lo que necesitamos saber acerca de Dios, nosotros mismos, y la vida, ha sido escrito en la carta de amor de Dios para nosotros. "Toda la Escritura es inspirada por Dios, y útil para enseñar, para redargüir, para corregir, para instruir en justicia, a fin de que el hombre de Dios sea perfecto, enteramente preparado para toda buena obra" (2 Timoteo 3:16,17).

Las valiosas verdades de la Palabra de Dios han sido comparadas a una mina de oro; ¡el gran problema es saber cómo extraerlas! Hoy en día tenemos la bendición de contar con una abundancia de excelentes guías de estudio, manuales bíblicos y comentarios para ayudarnos en nuestra investigación. Recuerda que éstas son sólo herramientas para ayudarte, y no pueden sustituir tu propio estudio profundo de la Palabra.

¿Cuáles son los resultados? Como madre, puedo responder a mis hijos sus preguntas concernientes a la vida y a la muerte, al cielo y a la eternidad, lo mismo que a asuntos referentes al diario vivir. Mis hijos sólo percibirán la importancia de la Palabra de Dios en la medida en que yo conteste sus preguntas en base a ella.

Recientemente, una vecina, madre de dos varoncitos, se enfermó y estuvo cerca de la muerte durante varias semanas. Nuestra familia oraba por ella y tratábamos de ayudar al padre y a los chicos; pero mi hija de siete años no quería orar por ella y se rehusaba a hablar sobre su enfermedad. Me preguntaba en qué había fallado yo para producir una hija tan insensible. Unos días más tarde, después de enseñar en un seminario, llegué a casa y me encontré con regalitos que los chicos habían preparado para mí. Entre los dibujos de mi hija había una carta: "Querida mamá, te quiero, te quiero mucho. Espero que nunca te mueras. Con amor, Joy".

Su aparente insensibilidad era en realidad temor de que su propia mamá enfermara y muriera. La tomé en mis brazos y compartí con ella lo que la Palabra de Dios dice acerca de la vida y de la muerte. Habíamos hablado de estas cosas antes, pero ahora cobraban verdadero sentido. ¡Cómo le agradecí a Dios por conocer su Palabra y poderle dar a mis hijos respuestas provenientes de El! Para mí es un desafío saber que no puedo dar a mis hijos más de lo que tengo.

EN LA RECAMARA

El mejor momento para desarrollar tu relación con Cristo mediante la oración y el estudio bíblico es durante un tiempo devocional. ¡Yo sé cómo nos cuesta esto a muchas de nosotras! Logramos hacernos tiempo una semana quizás, y luego abandonamos. Creo que una de las razones por las que fracasamos es que fijamos metas demasiado altas: "¡Me voy a levantar todos los días a las seis!" He probado esto y al tercer día estoy tan exhausta que no puedo encontrar mi Biblia, menos aún estudiarla.

Dios quiere que seamos realistas. En mis circunstancias actuales, soy realista si sólo pretendo levantarme temprano tres días por semana para pasar un tiempo con El. Los demás días tengo un momento devocional mientras los chicos descansan. A medida que crezcan, podré levantarme temprano más veces por semana. Analiza tu vida y fija una meta que sea acorde con tu situación. ¡No te sientas culpable si lees acerca de una bienaventurada santa que se levanta a las cinco de la mañana a orar por sus nueve hijos! Un tiempo devocional no es una regla sino una relación. Tu relación con el Salvador será diferente a la de todos los demás.

Tu tiempo devocional es un momento para apartarte de todo y encontrarte con Dios. Es un momento especial para conversar con El sobre los eventos del día, tu crecimiento espiritual, tus preocupaciones, tus bendiciones. El momento devocional *no es* una oportunidad para preparar tu lección de Escuela Dominical en silencio. Ni es el momento para hojear una revista cristiana ni para escribirle a un misionero.

Es un tiempo separado para profundizar tu conocimiento del Señor, para enriquecer tu relación con El, tu comunión con El, para amarle y adorarle de una forma muy personal. Ese momento de quietud cada día es TU MOMENTO DE CRECIMIENTO PERSONAL en el Señor. No importa cuántos años hace que conoces al Señor, o cuán cerca de El camines, creo que este breve momento de amistad íntima siempre será necesario.

Puedes tener un horario definido para hacerlo, o puede ocurrir varias veces durante el día. Puede tomarte cinco minutos o cinco horas, según lo indiquen el Espíritu y las circunstancias, pero el contacto personal y vital con el Señor es necesario para que puedas ser constantemente llenada por la vida de Cristo, y El pueda trasmitirla a otros a través tuyo. Nunca pienses que debes ceñirte a reglas y reglamentos a fin de lograr esto. Si DESEAS conocerle mejor, el Espíritu Santo te guiará en tus esfuerzos, aun cuando nunca tengas otras ayudas para hacerlo.[1]

COMUNION

¿Qué hacer cuando a los treinta y dos años te encuentras divorciada y tus hijos están bajo la custodia de tu esposo? Podrías suicidarte, culpar a Dios, compadecerte a ti misma, o comer en exceso hasta ponerte obesa. Betty eligió otro camino. Entregándose a Cristo y confiando que El obraría el bien en medio de la tragedia, buscó ayuda en otros creyentes.

"Mis amigos creyentes vieron mi necesidad y respondieron aún a costa de sacrificios", me contó. "Creyeron en mí como persona, me aceptaron como era, pero tenían en perspectiva lo que podía llegar a ser. Tuve familias con las cuales vivir, hermanos y hermanas que proveían para mis necesidades materiales y espirituales".

El sufrimiento de Vilma es físico. Cuando era estudiante universitaria, le descubrieron una grave enfermedad, y ahora vive con molestias diarias e incomodidad. Nadie puede aliviarle el dolor físico, pero el Cuerpo de Cristo ha servido a Vilma, recordándole la perspectiva eterna de Dios, por medio de "un ministerio" de recordarle que aplique las verdades de Dios a su andar cotidiano. "Por esto, yo no dejaré de recordaros siempre estas cosas, aunque vosotros las sepáis, y estéis confirmados en la verdad presente" (2 Pedro 1:12).

La comunión tiene un significado más profundo que el de una simple amistad. La palabra griega para comunión es *koinonia* que significa "compartir juntos". Necesitamos desesperadamente compartir nuestra experiencia cristiana con otros que creen, y de la misma forma permitirles que ellos compartan con nosotros. "Y por Cristo todo el cuerpo está bien ajustado y ligado en sí mismo por medio de la unión entre todas sus partes; y cuando cada parte trabaja bien, todo va creciendo y desarrollándose en amor" (Efesios 4:16, VP).

En el Cuerpo de Cristo no hay edades. Algunos de mis momentos de comunión más enriquecedores han sido compartiendo con mujeres que me doblaban en edad, y también he recibido estímulo y enseñanza espiritual de mis propios hijos.

Siempre deseé tener una hermana, y Dios me ha dado hermanas especiales en Cristo que me estimulan, exhortan y ayudan a crecer. "Considerémonos unos a otros para estimularnos al amor y a las buenas obras" (Hebreos 10:24-26).

PRIORIDAD NO. 2: EL ESPOSO

"La mujer virtuosa es corona de su marido" (Proverbios 12:4).

Una traducción de la Biblia lo dice así: "Gozo y corona del marido es la esposa digna; la que no lo es, mina su fuerza y destruye cuanto él hace" (Proverbios 12:4). ¿Te diste cuenta? La "mujer valiosa" en oposición a "la mala". Quiere decir que hay sólo dos clases de esposas, y tú eres una o la otra. No hay zonas intermedias. Eres gozo y corona, o eres ruina destructora.

Salomón también dijo: "La mujer sabia edifica su casa; mas la necia con sus manos la derriba" (Proverbios 14:1).

Quizás su propio esfuerzo es en realidad falta de esfuerzo; ¡se acostumbra a una rutina y simplemente deja de esforzarse! ¿Qué cosa creativa has hecho esta semana para hacer de tu matrimonio algo romántico? No el último día de San Valentín, sino *esta semana*. Veamos las cosas positivas que una mujer sabia, una *esposa virtuosa* hace para construir la relación con el hombre más importante de su vida.

TE AMO, ¡Y PUNTO!

La palabra más usada hoy en día debe ser *"amor"*, pero, ¿cuántas de nosotras realmente amamos? Decimos: "Te amo *si* te comportas como yo quiero". O "Te amo *y* espero que me respondas de cierta forma". "Te amo, *pero* no te acerques demasiado". "Yo te amo *por* el status y la seguridad que ofreces". *Si, y, pero, quizás, porque;* ¿es ésta la forma en que Dios nos ama? Lo más emocionante que he aprendido es que Dios me ama, ¡y punto! Dios envió a su Hijo a morir por ti y por mí *mientras* éramos aun pecadores; ¡no después de que hubiéramos arreglado nuestras vidas! ¿Sabes una cosa? Dios nos pide que amemos a nuestro marido como El nos amó a nosotras. Incondicionalmente, sin premisas de ningún tipo.

Recuerdo que, cuando hacía poco que era creyente, en la universidad, me encontré de frente con el amor de Dios hacia mí. No sabía mucho de lo que decía la Biblia, pero sí conocía 1 Corintios 13, y lo leía y lo volvía a leer, captando lo que me decía: "El amor es sufrido, es benigno; el amor no tiene envidia, el amor no es jactancioso, no se envanece; no hace nada indebido, no busca lo suyo, no se irrita, no guarda rencor; no se goza de la injusticia, mas se goza de la verdad. Todo lo sufre, todo lo cree, todo lo espera, todo lo soporta". Pensaba que era la poesía más hermosa que jamás había leído, hasta que un día una amiga me sugirió que volviera a casa y lo leyera colocando mi nombre donde dijera *amor*, para ver si era la clase de amor que yo tenía hacia mi esposo. De modo que comencé: "Linda es paciente, Linda es benigna" (tragué saliva). "Nunca tiene envidia, no se envanece, no es orgullosa" (oh, no). "Linda no hace nada indebido, no busca lo suyo, no se irrita". Y así seguí, hasta que estuve debidamente impresionada ante mi responsabilidad de amar como Dios me ama. Prueba esto tú misma alguna vez, en oración y con el corazón dispuesto a escuchar a Dios. Esta clase de amor no es una opción; es un mandamiento.

¿QUIEN ESTA PRIMERO EN TU CORAZON?

Cuando Joy tenía tres años, me hizo una pregunta con "anzuelo": "Mamita, ¿a quién amas más, a Jesús o a mí?" Sabía que no entendería si yo le contestaba "a Jesús", de modo que después de pensarlo un momento, le contesté: "Querida, amo a Jesús más que a nadie en el cielo, y amo a papá, a ti, a Robin y a Tommy más que a nadie en la tierra". Le gustó mi respuesta, y dijo: "Yo también. ¡Así es como los amo yo también!"

¿Le demuestras a tu esposo, que entre *todas* las personas del mundo, le amas más a él? ¿Está seguro de que es el primero en tu corazón? Cuando nos mudamos a Filadelfia, Tommy tenía apenas cinco semanas, Robin dieciocho meses y Joy recién había cumplido tres años. Yo estaba hecha una verdadera sonámbula, y las prioridades se me mezclaban continuamente. En mi corazón y en mi mente Jody era lo primero, pero en mis actos parecía no resultar nunca así. Cada vez que quería sentarse y charlar conmigo, ¡alguna personita necesitaba que se le cambiaran los pañales, o tenía que comer, o había sufrido alguna catástrofe mayor! Las necesidades de los chicos eran inmediatas, apremiantes. Quería ser una buena madre, pero quería también ser una buena esposa. De modo que comencé a orar pidiéndole a Dios que me mostrara cómo hacerle sentir a Jody, en esta época difícil de mi vida, que él era lo primero en mi corazón.

¿QUE TE PARECE SI SALIMOS, CARIÑO?

La primera cosa que Dios me mostró fue que Jody y yo necesitábamos salir, tener citas. Te acuerdas lo que son las citas: ¡lo que hacías *antes* de casarte! ¡Salían juntos, solos, toda la tarde! En esa época Jody y yo asistíamos a un estudio bíblico para parejas que él daba los jueves a la noche. De modo que en lugar de hacer venir a la persona que cuidaría a los niños a las 7:30, comenzamos a llamarla a las 4:30 ó 5:30, y pasábamos tres o cuatro horas afuera simplemente conversando.

Cuando teníamos dinero (¡lo cual no ocurría a menudo!), salíamos a comer. Otras veces comíamos un emparedado o nos sentábamos en un restaurante a tomar una taza de café. Algunos de nuestros momentos más memorables han transcurrido tomando una taza de café, no gastando dinero, sino comunicándonos. Creo que un matrimonio debería tratar de salir solos una vez cada dos semanas, o aun cada semana si pudiera. Estás murmurando: "¿Cuándo encontraríamos tiempo nosotros para hacerlo?" ¡Una cosa que yo he aprendido en los doce años de casada que llevo es que uno puede hacer cualquier cosa que considera realmente importante!

AL FIN SOLOS

Mientras oraba y pensaba cómo mostrarle a Jody que era lo primero en mi vida, la segunda cosa que advertí era que necesitábamos un tiempo *largo* juntos, lejos de los chicos, una especie de segunda luna de miel. Ante la escasez de dinero y de niñera, decidí encomendarle este asunto al Señor. *Yo* no podía resolverlo, pero sabía que *El* sí podía. Unos días más tarde, una amiga, doctora y madre de cinco niños, me mencionó que tenía la llave de un hermoso departamento que pertenecía a un médico que viajaba mucho. Me preguntó si sabía de alguien que necesitara hospedaje. ¡Levanté la mano! Combinamos con otro matrimonio y así tuvimos quien atendiera a los chicos, y partimos para pasar veinticuatro maravillosas horas juntos.

Dos palabras me vienen a la mente cuando reflexiono sobre nuestras salidas de fin de semana: *Planifica* y *persevera*. Una vez teníamos una escapada de tres días totalmente planeada. La niñera dormía en casa y a las 6:30 yo debía tomar el ómnibus para encontrarme con Jody en la ciudad donde él estaba predicando. A las dos de la madrugada el más pequeño de nuestros hijos se enfermó seriamente, y el viaje debió ser cancelado. Poco después intentamos de nuevo, ¡y esta vez se enfermó la niñera! "Señor", le dije, "oré por nosotros y los chicos pero olvidé de la niñera. ¡La próxima vez ella será la primera en mi lista!" *Es* difícil salir solos o pasar afuera un fin de semana, pero muchos de nosotros nos rendimos demasiado rápido. ¡La próxima vez acuérdate de planificar y perseverar!

LAS PEQUEÑAS COSAS TIENEN MUCHO SIGNIFICADO

¿Cuándo fue la última vez que le enviaste una nota a la oficina a tu esposo agradeciéndole por llevarte a comer afuera? ¿O le pusiste una nota en su portafolio o en la caja de su almuerzo diciéndole que lo querías? Sólo cuesta unos centavos mandar una carta, y sólo lleva unos minutos escribirla. Escribimos tarjetas de agradecimientos para *todos*; para los vecinos que nos invitaron a comer, a la tía Graciela que nos mandó la hermosa vasija de cerámica para poner caramelos, a la señora Méndez que generosamente cedió tiempo para ser la oradora de tu club femenino. ¿Pero qué del hombre que te lleva a cenar cuando preferiría desplomarse en el sofá, que te manda rosas aunque les produzcan alergia, o se pasa la tarde del sábado viendo jugar a tu hijo al fútbol a pesar de su deseo de ver el partido de rugby por televisión?

Por alguna razón pensamos que nuestro marido *sabe* que lo apreciamos. Prueba decírselo por escrito, o verbalmente en forma explícita. Quizás no se muestre emocionado en absoluto, o aun quede turbado, ¡pero interiormente estará pensando que eres una mujer muy inteligente al haberte dado cuenta qué gran tipo es él! Hay cientos de pequeñas cosas que puedes decir y hacer para hacerle saber que lo amas. ¡Usa tu imaginación!

NAVIDADES CREATIVAS

Antes de que nacieran nuestros hijos, la Navidad y el día del cumpleaños de Jody, eran fechas en que empleaba mi imaginación creativa. Un año ahorré 150 dólares para comprarle un proyector. Para conseguir el dinero, vendí sangre, vendí el anillo de oro de mi graduación, y planeé y conspiré como sólo una mujer puede hacerlo. ¿Estaba tan entusiasmada respecto al proyector que casi se lo doy antes de la Navidad! El regalo significó mucho para Jody, no porque fuera caro, sino porque sabía cuánto tiempo, esfuerzo y amor estaban allí representados.

Pero cuando llegan los hijos, es tan divertido comprar trenes y muñecas, que de alguna forma el marido ya no parece tan importante. Cuando advertí que me había pasado esto, le empecé a pedir a Dios que me mostrara algo creativo para regalarle a Jody en la Navidad, algo que expresara mi amor y aprecio por él. Sabía que no podía vender sangre (¡después de tener tres chicos en tres años no me quedaba mucha!), y ya no había anillos para vender, de modo que concluí que lo máximo que podría gastar eran 50 dólares. Era un desafío conseguir algo realmente fuera de lo común por esa cantidad.

Hubiera sido más fácil si a Jody le gustara la ropa, pero no le gusta. Le gustan los libros, ¡y hay tantos en casa que ya podríamos abrir una biblioteca pública! Ese año descubrí, mediante un cuestionario cuidadosamente disimulado, que el deseo secreto de su corazón era tener una serie de comentarios bíblicos, ¡que costaban sólo 130 dólares! Venciendo el deseo de rendirme y comprarle una corbata, llamé a la librería para averiguar si los libros todavía se publicaban y si podría comprar uno por vez. El gentil vendedor me respondió que sólo se vendían como colección, pero que estaban al bajísimo precio de 115 dólares.

Le agradecí y ya estaba por colgar cuando me preguntó:

—Señora, ¿*realmente* quiere esos libros?

—La verdad es que sí —le respondí.

—Bueno, espere un minuto —me respondió—. Creo que otro de los empleados tiene una colección que querría vender.

El otro vendedor vino al teléfono y me preguntó si estaba *segura* de que quería los libros. Me dijo que eran muy profundos, y que él había renunciado a leerlos. ¡Le aseguré que a mi esposo le *encantarían*!

—Bueno, ¿sería mucho si me diera 50 dólares? —me preguntó con cierta duda—. Todavía están en las cajas originales, pero les he hecho alguna que otra marca.

Me las arreglé para permanecer tranquila mientras nos poníamos de acuerdo para retirarlos. Después que colgué, literalmente casi grité "con una exclamación de alabanza", agradeciéndole a Dios que realmente se preocupara de que mi esposo supiera que él era lo primero en mi vida.

HAZ FUNCIONAR ESA MATERIA GRIS

Los resultados de una reciente encuesta revelaron que los esposos generalmente señalan la falta de variedad como la principal fuente de problemas en el matrimonio. Puede que amen a sus esposas, ¡pero están francamente aburridos! Recuerda la pregunta que te hice antes: ¿qué has hecho esta semana para hacer de tu matrimonio algo romántico?

Yo pensaba que mi vida ocupada y mis tres hijos me hacían difícil ser creativa, hasta que me impresionó el ejemplo de una amiga. El esposo de Nancy era médico residente en un hospital local; trabajaba treinta y seis horas y después tenía doce horas libres. Recibía 400 dólares mensuales. Como esto no era suficiente para que vivieran, trabajaba en otros hospitales los fines de semana libres para cubrir el presupuesto. ¡El resultado era que se veían tan seguido como tú o yo vemos al presidente!

Pero a diferencia de muchas de sus amigas en el ambiente médico, Nancy no estaba dispuesta a que esto arruinara su matrimonio. Los viernes por la noche, cuando Jim no podía volver a la casa, vestía a su hija y se arreglaba ella misma y cruzaba la ciudad manejando a la hora de peor tránsito, cuarenta y cinco minutos hasta el hospital, para cenar en la cafetería con su esposo. ¿Cuántas de las otras esposas hacían esto? ¡Correcto! Jim mostraba con orgullo su esposa y su pequeña hija a sus colegas que tragaban solitarios su pastel de carne y macarrones. Estimulado por esta demostración de amor, él volvía a trabajar mientras Nancy manejaba de vuelta los largos kilómetros hasta su casa.

Y el Día de Acción de Gracias, cuando todos los hombres de América estaban en sus casas con sus familias comiendo pavo y mirando partidos de fútbol en la televisión, Jim tuvo que trabajar. Nancy no se acobardó; empaquetó el pavo y las ensaladas, el mantel y la vajilla de plata y todo lo que había preparado y lo llevó al hospital, donde ella y Jim almorzaron elegantemente.

Mientras contaba esta historia recientemente en un seminario, una mujer en la audiencia exclamó: "¡Qué absurdo!" Sí, supongo que puede verse de esa forma. Quiero decir, era realmente mucho trabajo trasladar un pavo a través de la ciudad, y deben haber parecido bastante extraños sentados los dos allí, almorzando, pero ¿qué crees que ella le trasmitía con esto? Mientras hacía cosas como ésta, él estaba seguro de que para ella no había nada más importante que él, y que cuando él no pudiera buscarla, ella vendría hasta él.

Hubo otra cosa interesante en su matrimonio. Nancy era una cristiana reciente, muy entusiasmada por su nueva fe. Jim era escéptico y la observaba cuidadosamente. Ella podría haber predicado, sermoneado, renegado, pero en lugar de ello simplemente lo amaba. ¡Al poco tiempo, él también estaba entusiasmado con la vida cristiana!

PRIORIDAD NO. 3: LOS HIJOS

"He aquí, herencia de Jehová son los hijos; cosa de estima el fruto del vientre" (Salmo 127:3).

En Isaías 28:9,10, leemos: "¿A quién se enseñará ciencia, o a quién se hará entender doctrina? ¿A los destetados? ¿a los arrancados de los pechos? Porque mandamiento tras mandamiento, mandato sobre mandato, renglón tras renglón, línea sobre línea, un poquito allí, otro poquito allá".

Quisiera poder sentar a mis hijos, y en una sola lección enseñarles todo lo que deben saber acerca del carácter, la santidad, los buenos modales, la vida y la muerte. . . ¡Qué hermoso sería! Lamentablemente, no ocurre así en la realidad. Les debemos dar, como dice Isaías, un poco aquí, otro poco allá, precepto sobre precepto, renglón tras renglón. Muchas veces me parece que les entra por un oído y les sale por el otro. Luego, ¡aleluya!, veo una semilla que ya ha prendido en ellos, y me estimula a seguir.

DE TAL MADRE, TAL HIJA

Eclesiastés afirma que tal como es la madre, resultará la hija. ¡Cómo gemí cuando leí eso! La tarea más desafiante que *jamás* he tenido que emprender es la de ser madre. Pensaba que era una persona paciente y organizada hasta que tuve que atender a mis tres hijos pequeños. Estoy convencida de que algunas de las más preciadas herramientas que Dios usa para moldelarnos a su imagen son nuestros hijos.

Lo que somos habla mucho más alto que lo que decimos. En Deuteronomio encontramos que debemos practicar lo que predicamos: "Y estas palabras que yo te mando hoy, estarán sobre tu corazón; y las repetirás a tus hijos, y hablarás de ellas estando en tu casa, y andando por el camino, y al acostarte, y cuando te levantes" (Deuteronomio 6:6,7).

A menos que tengas una relación vital con Dios, es imposible impartir su verdad a tus hijos mientras estás sentada, yendo por el camino, al acostarte y al levantarte. Estas palabras describen un padre cuyo amor y entrega a Dios son una parte tan real de su vida que comparte y relaciona esta sabiduría y esta ley de Dios a cada situación. Tus hijos te están observando. ¿Qué están viendo en tu vida?

¿ESTOY REALMENTE PRESENTE?

No hace mucho tuve una conversación con una virtuosa mujer cristiana cuyos hijos ya están casi crecidos. Ella comentó:

—Linda, tú das seminarios, charlas y todo eso. Me parece que debes estar fuera de tu casa mucho tiempo.

—No —le contesté piadosamente—, sólo me permito salir de la casa dos mañanas por semana. Estoy en casa con los chicos la mayor parte del tiempo.

—Podría haber dicho eso cuando tenía tu edad —dijo la buena señora suspirando—. Pero, sabes, si pudiera hacerlo todo otra vez, lo haría de manera muy diferente. Yo estaba en casa, sí, pero en *realidad* no estaba allí. Estaba al teléfono planeando un almuerzo, organizando el programa de la Escuela Dominical o un torneo de tenis. Y cuando mis chicos entraban en la habitación les ponía una galletita en la mano y les decía que mamá estaba ocupada.

"Señor", pensé, "¡yo también he dado algunas galletitas!"

Dios usó esta conversación para desafiarme a evaluar el tiempo que pasaba con mis hijos. ¿Estaba realmente allí, disponible para atender a sus necesidades? ¿O estaba ocupada con otras cosas a fin de evitar la presión y la responsabilidad que ocasionan los niños pequeños? Fue una reflexión seria. La galleta más sabrosa no puede sustituir al tiempo y a la atención.

SUSANA

Hay una mujer cuya historia me ha desafiado mucho como madre. Su nombre es Susana. Tenía diecinueve hijos (una hazaña que creo que merece la Medalla de Honor) en una época en que las madres amamantaban a sus hijos por años. ¡Según las cuentas que saco, esta mujer debe haber estado o bien embarazada o bien amamantando durante toda su vida adulta!

También vivía en una época en la que no había pollos fritos ya preparados, ni hamburguesas, ni sopa de sobres. Todo se hacía en la casa. No había escuelas para los niños (para los nueve que sobrevivieron hasta la edad escolar), ¡de modo que ella misma les enseñaba! (¿No sería esto divertido?) El esposo de Susana viajaba, ¡y todos sabemos que eso desorganiza mucho al hogar!

En una carta a su esposo, Susana le decía que se sentía con una terrible responsabilidad ante Dios por criar a los hijos para Él. Decía que había decidio estar individualmente con cada uno de los chicos una noche de la semana, y hacía una lista de los chicos y las noches. Algunas noches tenía que atender a dos, porque tenía más de siete. (Pensé: yo estoy tan cansada de noche; ¿cómo lo lograba?) ¡Este sacrificio materno es sobrecogedor! Susana también contaba que en algunos días estaba tan preocupada por sus hijos, deseando que llegaran a ser los hombres y las mujeres que Dios quería que fueran, que pasaba una hora diaria en oración por ellos.

¿Tuvo sentido el sacrificio de tiempo y oración que hacía esta mujer? El apellido de Susana era Wesley. Dos de sus hijos, John y Charles, crecieron y transformaron totalmente a Inglaterra mediante una revolución social y espiritual.

LO MAS IMPORTANTE

Los psicólogos dicen que lo más importante que una madre puede hacer por su hijo es amar al padre del niño, y la cosa más importante que un padre puede hacer por su hijo es amar a la madre del niño. Un niño puede ser amado por la madre y amado por el padre, pero si mamá y papá no se aman, el niño puede tener profundos sentimientos de inseguridad.

Recuerdo haber estado conversando con Tommy cuando tenía tres años. Estaba mostrándome con orgullo lo que había dibujado en la Escuela Dominical, donde decía: "Jesús murió en la cruz por mis pecados". Le pregunté qué era pecado, y se encogió de hombros. Procedí a explicarle que pecado es ser egoísta y hacer cosas malas. Le pregunté si alguna vez había hecho cosas malas. Me dijo que no. Evidentemente yo no lograba comunicarle nada.

En un intento por explicarle que el pecado es universal, le dije que aun mamá hacía cosas que no estaban bien. Me dijo:

—Ya sé —y procedió a enumerar algunas de ellas—. ¿Te acuerdas, mamá, cuando tú y papá estaban peleando? Papi dijo: "Yo hago el desayuno", y tú dijiste: "No, *yo* hago el desayuno". Estaba mal, ¿verdad?

Recordé el incidente de dos semanas atrás. No habíamos estado realmente peleando sino bromeando en voz alta. Para un niño, esta pelea fingida podía parecer real. De todas las cosas que yo podría hacer mal, mi hijo prestó atención a aquella que podía producirle inseguridad. "Mamá y papá estaban peleando".

PRIORIDAD NO. 4: LA CASA

"Considera los caminos de su casa, y no come el pan de balde" (Proverbios 31:27).

Leemos en Proverbios 31 que la mujer virtuosa atiende los asuntos de su casa y no come el pan de balde. Obviamente, es un ama de casa aseada y ordenada. En algunas personas parece ser algo natural, pero no es mi caso. Recientemente estaba visitando a una amiga y cuando nuestros chicos empezaron a jugar, ¡advertí que todos los juguetes de sus hijos estaban en la caja original! ¡En mi casa, no sólo no tenemos las cajas originales, sino que parece que perdemos partes de los juguetes!

TU DETERMINAS LA ATMOSFERA

Por el tipo de mujer que es, nuestra amiga en Proverbios 31 tiene un hogar que exhala una buena atmósfera, haciendo de él un lugar que la gente quiere frecuentar. Todo hogar tiene su propia atmósfera. Quizás no *sabes* cuál es la atmósfera de tu casa, pero *hay* algunos que sí lo saben: las personas que la frecuentan. ¿Cómo describirías la atmósfera de *tu* hogar? Elige un adjetivo: cálida, pacífica, afectuosa, alegre, unida. ¿Y si fuera ansiosa, amarga, contenciosa o frustrada?

Es la mujer en cada hogar la que crea la atmósfera que allí reina. Es como el eje alrededor del cual gira la rueda. ¿Alguna vez has notado lo rápido que tu esposo e hijos se contagian de tu estado de ánimo? Cuando estás malhumorada, tu esposo parece llegar del trabajo malhumorado también, y tus hijos adquieren el mismo ánimo apenas llegan de la escuela. ¡Luego te preguntas qué es lo que les pasa!

Pruébalo esta noche. Experimenta con el terror. ¡Interpreta como actriz a Frankenstein, y observa cuánto tiempo tardan en imitarte! ¡Mejor que eso, sé la clase de mujer que Dios quiere que seas, y verás lo rápido que responden!

¿QUE ME DICES? ¿YO, ORGANIZADA?

Se critica a veces a las mujeres porque demoran media hora en hacer algo que podría llevar diez minutos. Muchas veces es una crítica merecida. Puesto que la mujer en el hogar tiene la libertad de programar su tiempo como quiere, a menudo se va al otro extremo y no planifica en absoluto.

Varios años atrás comencé a hacer lo que llamo mi cartilla de prioridades, enumerando las prioridades en una columna, junto con los compromisos diarios, semanales, y un menú. (Vea la muestra en la página siguiente). He compartido esta idea con otros porque me ha sido útil y estimulante. También ha resultado práctico para otros. De modo que confeccioné el *Planificador de prioridades* (Tomás Nelson 1977), un manual de cincuenta y dos páginas dobles con una hoja perforada con listas de compras, ideada para ayudar a mujeres cristianas a mantener en orden sus prioridades y a ser más eficientes en sus hogares.[2]

El domingo por la noche resulta un buen momento de planificación para mí. Comienzo anotando un proyecto especial bajo cada prioridad. Quizás una cena a luz de velas para Jody y un rato de diapositivas para los chicos. Luego transfiero el programa especial al lugar correspondiente en la agenda semanal. Luego anoto las cosas más importantes que debo hacer en la semana en la agenda

Prioridades

1 DIOS

"Mas buscad primeramente el reino de Dios y su justicia, y todas estas cosas os serán añadidas".
Mateo 6:33

Memorizar 3 versículos

2 ESPOSO

"La mujer virtuosa es corona de su marido".
Proverbios 12:4

cenar a luz de velas

3 HIJOS

"He aquí, herencia de Jehová son los hijos".
Salmo 127:3

Diapositivas de la familia

4 CASA

"Considera los caminos de su casa, y no come el pan de balde".
Proverbios 31:27

Pintar el dormitorio

5 YO MISMA

"Amarás a tu prójimo como a ti mismo".
Mateo 19:19

Cenar
Tejer chal

6 FUERA DE CASA

"Por tanto, id y haced discípulos a todas las naciones".
Mateo 28:19

Estudio Bíblico
Reunión

Agenda Semanal

LUNES

Empezar chal

Diapositivas (chicos)

MARTES

Reunión

MIERCOLES

Estudio Bíblico

JUEVES

VIERNES

Cena a luz de velas

SABADO

Pintar dormitorio

DOMINGO

Iglesia

Agenda Diaria	Menú	Lista de compras
1. Comprar lana 2. Almacén 3. Hacer ensalada de fruta 4. Correr 5. Escribir 2 cartas 6. Preparar diapositivas	Tortilla Ensalada de fruta	salsa carne molida zanahorias frutillas pollo pan cereales detergente comida para el gato
	Pescado, papas, ensalada, zanahorias	
	hamburguesas papas fritas	
	Pollo a la olla	
	Carne al horno, papas, ensalada de frutas	
	Arroz con pollo	
	Tallarines, pan de carne, arvejas, ensalada	

semanal. Finalmente, cada noche planifico la agenda diaria. Toda esta planificación semanal y diaria puede parecer trabajosa, pero permite lograr más en menos tiempo.

Charles Schwab, uno de los primeros presidentes de la Compañía de Acero Bethleham, advirtió esto, y pidió a un experto en métodos, Ivy Lee, que le elaborara un sistema que estimulara a los empleados a hacer lo que necesitaban hacer. El señor Schwab le dijo que le pagaría un precio razonable.

El señor Lee le prometió darle un sistema que incrementaría la producción en por lo menos un 50 por ciento. Entregándole una hoja de papel en blanco, le dijo lo siguiente: (1) Anote las seis tareas más importantes que tiene que hacer mañana y numérelas según su importancia. (2) Mañana comience por atender la tarea no. 1 y no la deja hasta completarla. (3) Una vez terminada la tarea no. 1, ¡táchela con tinta roja! (4) Continúe con la no. 2 y no la deje hasta terminarla, y así sucesivamente.

Después de probar este método durante algunas semanas, el señor Schwab envió al señor Lee un cheque por 25.000 dólares con una carta que decía que la suya era la lección más provechosa que jamás había escuchado.

En sólo cinco años, la desconocida compañía Bethleham llegó a ser el principal productor privado de acero en el mundo, y este plan fue considerado como el principal factor que determinó su éxito. ¡Charles Schwab pudo hacer una fortuna de cien millones de dólares gracias a este plan![3]

¡Ahora bien, yo no te prometo una fortuna, pero estoy convencida de que serás una persona más organizada y feliz si usas este método de los 25.000 dólares. Yo lo he usado, anotándolo en los casilleros titulados "Agenda diaria" en mi Planificador de prioridades.

Junto con la lista de prioridades y agenda semanal, debe confeccionarse el menú. Planifica el menú, luego confecciona la lista de compras para la semana en base al menú. Yo lo hago en mi Planificador, y arranco la lista de compras el lunes por la mañana cuando salgo hacia el mercado.

Quizás este método de planificación te sea útil a ti también. Si no lo es, busca uno que lo sea. Lo más importante es que seas fiel y hagas todas las cosas decentemente y en orden. Estoy convencida de que la razón por la que muchas mujeres se sienten frustradas en el hogar es porque no son "buenas administradoras". No saben organizarse y usar su tiempo con eficiencia. Andan dando vueltas sin completar casi ninguna tarea y luego se quejan porque nunca tienen tiempo para hacer las cosas que les gustan. ¡Un uso sabio del planificador puede cambiar esta situación!

UN SUFRIMIENTO O UN DESAFIO

¿Consideras que preparar un menú atractivo a pesar de los precios elevados que produce la inflación es un dolor de cabeza o un desafío? Hace poco llegué del almacén y empecé a desempaquetar tres enormes bolsas de mercadería. Apenas entró Jody empecé con el versito: "Querido, ¿sabes que la avena está casi al doble de lo que estaba? ¿Creerías que pagué casi un dólar por esta caja de cereales?" Después de nombrar varios artículos, me detuve y dije: "Sueno como la mujer contenciosa de Proverbios, ¿verdad?"

Advertí que me estaba afligiendo por los precios y quejándome cuando Jody no podía hacer nada por solucionarlo. Me da todo el dinero que puede, y es mi responsabilidad crear comidas deliciosas, atractivas y nutritivas con el dinero del que dispongo, y sin quejarme. Salomón dijo: "Mejor es estar en un rincón del terrado, que con mujer rencillosa en casa espaciosa" (Proverbios 25:24).

Leí de una mujer que después de cocinar una comida sin carne, de alto valor nutritivo, muy saludable, compuesta de papas ralladas, zanahorias, cebollas, leche en polvo y huevos, estaba ansiosa por saber la opinión de su marido. Después de comer cuatro cucharadas, él comentó: "Bueno, está rico, querida, ¡pero no lo comería más de una vez por año!"

Y ahora haré una calurosa defensa de las ollas a fuego lento, la mayor alegría para la esposa ocupada que el mundo jamás conoció. ¡La mía ha sido una verdadera bendición! Mientras escribo en este momento, mi cacerola está en casa cocinando una carne que estará completamente lista para esta noche. ¡Es fabuloso saber que la cena ya está resuelta! Puedo preparar varias comidas de pollo, asados, guisos y casi cualquier cosa. Generalmente cocino dos comidas por vez, y pongo una en el congelador. Los días que estoy muy ocupada, ¡es un gozo sacar una comida lista y no tener que cocinar!

Es un desafío emocionante aprender todo lo que podamos respecto a ser una buena ama de casa. El Salmo 101:2 dice: "En la integridad de mi corazón andaré en medio de mi casa". Tomemos este versículo y memoricémoslo pidiéndole a Dios que nuestro hogar pueda tener este tipo de mujer como ama de casa.

PRIORIDAD NO. 5: TU MISMA

"Amarás a tu prójimo como a ti mismo" (Mateo 19:19).

Todos necesitamos tiempo para nosotros mismos. Tiempo para leer, para practicar un pasatiempo, ¡o simplemente para no hacer nada! Como cristianos a veces pensamos que debemos estar ocupados cada segundo del día. Evalúa tu agenda semanal, y planifica tiempo para ti misma. Serás mejor madre y esposa si tienes un tiempo para ti sola cada semana.

TIEMPO PARA TI MISMA

Si tienes hijos, la idea de tener tiempo para ti misma te debe sonar totalmente imposible. ¡No te desanimes! ¡Es posible hacer cualquier cosa que realmente quieras hacer!

Tengo una amiga en el vecindario con la que nos turnamos para cuidar a los chicos. Los lunes por la tarde yo cuido a sus dos chicos durante tres horas, y los martes por la mañana ella cuida a los míos durante tres horas. También participo en un club vecinal de "cuidadoras de niños" donde varias madres jóvenes cuidan a los niños de otras, ganando "horas", no dinero. Muchas mujeres programan "el día de salida de mamá" o pagan una niñera. Haz los arreglos que sean necesarios. Necesitas y mereces algunas horas cada semana para desarrollar tus aptitudes creativas, ir de compras, o hacer cualquier otra cosa que te guste.

Como dijo una querida señora que tenía unos cincuenta años: "Mi esposo me considera mucho más interesante como mujer cuando tengo intereses y actividades que me desarrollan como persona". Dios quiere formarte como mujer. ¡Destínale un tiempo para que lo haga!

PRIORIDAD NO. 6: FUERA DEL HOGAR

"Por tanto, id, y haced discípulos a todas las naciones, bautizándolos en el nombre del Padre, y del Hijo, y del Espíritu Santo" (Mateo 28:19).

Estaba compartiendo mi entusiasmo sobre las prioridades en la vida de la mujer en un grupo de señoras en el norte del estado de Nueva York, y una mujer me dijo:

"Linda, no puedo creer lo que dices. Sé que crees que la Gran Comisión de ir al mundo y predicar el Evangelio fue dada tanto a las mujeres como a los hombres; ¡sin embargo estás diciendo que nuestro servicio al Señor es lo último en la lista! ¡Desde que me entregué a Cristo dos años atrás, mi servicio al Señor ha sido lo primero!"

Sonreí y le dije que le preguntara a su esposo si estaba de acuerdo con ella.

Cuando mis tres hijos eran muy pequeños, decidí delante de Dios conservar mis prioridades en orden, tal como las he expuesto. Constantemente evalúo cómo uso el tiempo y trato de conservar a Dios primero, a Jody después, a los chicos en tercer lugar, a mi casa en el cuarto, a mí misma en el quinto, y a mis actividades afuera en el sexto. Muchas veces me resulta muy difícil. Es más fácil enseñar un estudio bíblico que quedarse en casa a atender a tres niños enfermos. Muchas veces fallo, pero vuelvo otra vez a las mismas prioridades. Es difícil describir el gozo y la satisfacción que produce saber que estás haciendo exactamente lo que Dios quiere que hagas. ¡Cuando caminas con Dios, ocurren cosas asombrosas!

SATISFACCION SEGURA

Cuando nos mudamos a Filadelfia, le pedí a Dios que me usara en relación a la vida de las mujeres enseñando, entrenando, compartiendo las buenas nuevas de la vida eterna en Jesucristo. No tenía idea cómo cumpliría Dios esa oración. No tenía automóvil, tenía una sola amiga, y tenía tres niños pequeños. ¡No era la mejor combinación para alcanzar a otros! Sin embargo, a través de mi amiga conocí a otras dos mujeres, compartí con ellas cómo llevar a cabo reuniones evangélicas, y comenzamos grupos de estudios bíblicos. Al comenzar este proyecto, decidí estar fuera de casa una o dos mañanas por semana.

A lo largo del año mantuve mi compromiso, y me asombró todo lo que Dios hizo. Comenzaron cinco estudios bíblicos en grupo, varias mujeres fueron entrenadas, y muchos aceptaron a Cristo como su Salvador personal. ¡Hubo más resultados en ese sólo año saliendo dos mañanas por semana que cuando pasaba *todo* el tiempo ministrando a mujeres antes de tener chicos! Dios bendijo mi ministerio, porque estaba donde El quería que estuviese. Mi extensión resultó provechosa porque mantuve mis prioridades en su lugar.

Estando en el norte de Nueva York, en una ocasión nevó copiosamente. Jody había ido en automóvil a una conferencia y yo estaba en casa, embarazada esperando a nuestro tercer hijo. Recuerdo haber pensado: "Señor, me encantaría conversar con alguien que tenga más de dos años de edad". Luego recordé que Jody había ido a la conferencia con otro hombre, y decidí llamar por teléfono a su esposa. No la conocía, pero me imaginé que ella también estaría sola.

Mientras hablábamos, me di cuenta que ella no entendía por qué su esposo la había dejado sola y se había ido con Jody. Estaba confundida porque hacía poco que él se había entregado a Cristo. Cuando me enteré de que ella tenía automóvil, la invité a venir con su hijo a cenar y pasar la noche en casa. Mientras estábamos sentadas en la sala esa noche, tuve el privilegio de compartir con ella las buenas nuevas de Jesucristo y verla entregar su vida a El. Dios me mostró otra vez que El me puede usar allí donde estoy si conservo mis prioridades en orden.

LA VARIEDAD ES EL CONDIMENTO DE LA VIDA

Cada una de nosotras está pasando por un momento diferente de la vida; cada una tiene diferentes responsabilidades. Algunas de nosotras tenemos energía en abundancia, y otras estamos arrastrándonos a las cuatro de la tarde. Como dijo una amiga: "Algunas mujeres pueden dirigir un circo de tres pistas; otras, uno de dos, y otras, uno de una". No importa cuántas pistas tengas. Lo importante es que delante de Dios te conozcas, conozcas tus talentos, tus capacidades físicas, espirituales y emocionales. "Digo, pues, por la gracia que me es dada, a cada cual que está entre vosotros, que no tenga más alto concepto de sí que el que debe tener, sino que piense de sí con cordura, conforme a la medida de fe que Dios repartió a cada uno" (Romanos 12:3). No tienes que hacer todo lo que hace tu vecina. ¡Tú no eres tu vecina! Eres tú misma.

Yo sé cuánto puedo hacer fuera de casa en esta etapa de mi vida sin dejar de ser la clase de esposa y madre que quiero ser. Dentro de algunos años podré hacer más. Cada una de nosotras necesita evaluar honestamente su situación y planificar teniendo en mente su capacidad.

ESPOSAS QUE TRABAJAN FUERA DEL HOGAR

Casi puedo oír a algunas de ustedes que trabajan afuera diciendo: "Todo esto está muy bien para amas de casa, pero eso no funciona conmigo". ¡Sí funciona! Si trabajas, el trabajo es prioridad número seis. No podrás pasar la misma cantidad de tiempo con tu esposo, hijos o en tu casa, pero la calidad del tiempo puede ser la misma. Si trabajas, deberías ser aun más organizada que el ama de casa, y preparar comidas el fin de semana, levantarte más temprano para preparar todo, etc. Todavía puedes planear cenas a luz de vela para tu esposo y hacer muchas de las cosas que he sugerido aquí. Encuentro que las mujeres que se quedan en la casa usan a los hijos como excusa de su falta de creatividad, y las mujeres que trabajan usan el trabajo como excusa. En ambos casos, se requiere creatividad, esfuerzo, perseverancia, ¡pero vale la pena! La clave está en tu actitud: ¿Sienten tu esposo y tus hijos que son lo más importante, o sienten que estás "enamorada" de tu trabajo? No estoy diciendo que sea fácil; ¡estoy diciendo que vale la pena hacer el esfuerzo!

ESCOLLOS

Al comentar sobre nuestras prioridades, debo advertir sobre cuatro áreas problemáticas:

1. Olvidamos la prioridad número 1. Sustituimos la *relación* con Dios por *actividades* para Dios.
2. Ponemos a los hijos por encima de nuestro esposo. Consciente o inconscientemente, de palabra o de hecho, atendemos las necesidades y deseos de los chicos antes que las de nuestro esposo.
3. Ponemos nuestras actividades fuera de casa por encima de alguna, ¡o de todas las demás prioridades!
4. No advertimos que al pasar los años el énfasis dado a cada prioridad va cambiando. Debemos evaluar constantemente nuestra lista de prioridades.

UNA VIDA CON SENTIDO

Tengo una amiga que ha ido con su esposo e hijos como misionera al extranjero. En una salida, fue mordida por un escorpión y estuvo dos días a punto de morir. Cuando supo que sobreviviría escribió algunos de los pensamientos que había tenido al estar cerca de la muerte. Pensó: "Si mi vida termina ahora, me hubiera gustado que tuviera más sentido".

Pero inmediatamente pensó: "Es tonto pensar así ya que sí ha tenido sentido en relación a mi esposo y a mis hijos, donde Dios me ha dado las mayores bendiciones, junto con la mayor de las responsabilidades. Eso no quiere decir que mi vida haya sido perfecta o que no podría haber sido mejor, pero fue como si Dios me estuviera diciendo: 'No te comportes como una criatura, pensando de esa forma. . . Has sido valiosa donde yo te he puesto' ".

CAPITULO V
Mi propio Robert Redford

Cuando se le preguntó a una mujer la diferencia entre amor y enamoramiento pasajero, contestó: "Un mero apasionamiento es pensar que él es tan atractivo como Robert Redford, tan inteligente como Henry Kissinger, tan noble como Ralph Nader, tan gracioso como Woody Allen y tan atlético como Jimmy Connors. Amor en cambio es advertir que él es tan atractivo como Woody Allen, tan inteligente como Jimmy Connors, tan gracioso como Ralph Nader, y nada parecido a Robert Redford, ¡y quererlo igual!"[1]

Aceptar es recibir a alguien tal como es, con sus virtudes y sus debilidades. Miremos juntas el punto de vista de Dios sobre la aceptación de la pareja y qué es lo que ha dicho al respecto. Hay dos mandamientos dados a las esposas, ambos en Efesios 5. El primero es respetar al esposo y el segundo es someterse a él. ¡Para empezar por el más fácil, consideremos el respeto!

La palabra griega traducida como *respeto* significa "tener miedo de" o "temer", tener un temor reverencial o respetar profundamente. Vemos que Sara llamaba a Abraham "señor". ¿Qué significa esto para nosotros hoy? ¿Debes llamar a tu esposo "señor", decirle "sí, señor", o hacerle reverencias? ¡Quizás a algunos esposos les gustaría la idea!

Una traducción de Efesios 5:33 dice: "Y que la mujer respete y reverencie a su esposo, ¡lo tome en cuenta, lo atienda, lo honre, lo prefiera, lo venere y lo estime; le muestre deferencia, lo alabe, lo ame y lo admire al extremo!"

Este pasaje indica claramente que debemos respetar a nuestro marido, ¡pero muchas de nosotras pensamos que Dios nos manda remodelarlos! Actuamos como si conseguir marido fuera como comprar una casa vieja. ¡No la vemos como está, sino como va a quedar después que la remodelamos!

Respetar es algo positivo; es un verbo activo. Cuando respetas, haces algo para mostrar tu admiración y respeto. Quizás la idea de admirar y honrar a tu esposo te sea extraña, quizás aun repulsiva.

Algunas de nosotras estamos tan cegadas con los aspectos negativos de nuestro esposo que no vemos sus lados positivos. Una mujer que no acepta a su esposo como es no lo puede respetar. Antes de poder hablar de respeto, admiración y estímulo a nuestros maridos, debemos aprender a aceptarlos como son, sin falsas añadidas.

En los primeros años de nuestra vida matrimonial, Jody me llamaba su "Espíritu Santo privado". ¡Qué afortunado! Dios me había enviado para convencerlo de pecado, de justicia y de juicio. Me había enviado para enseñarle las reglas de la etiqueta, del vestido y de los hábitos personales, pero no funcionaba.

Todos somos humanos y todos tenemos fallas. Cuando vivimos con alguien día tras día, es fácil sentir irritación por sus defectos, y aun tornarse obsesivo con ellos. Cuando se le pidió que expresara la diferencia entre amar a una mujer y gustar de ella, un hombre contestó: "*Amar* es lo mismo que *gustar* de alguien, excepto que te sientes más amorosa y romántica. Y también más incómoda cuando él habla con la boca llena. Y te resientes más cuando te interrumpe. Y también lo respetas menos cuando demuestra alguna debilidad".

Muchas áreas de mi propia vida necesitan cambiar, y muchos aspectos de la vida de mi esposo necesitan tratamiento. ¡Estoy segura de que lo mismo vale para ti y para tu marido! ¿Cómo cambiamos? ¿Cómo logramos que nuestro esposo cambie? Por cierto, puedes probar siendo un "Espíritu Santo personal". Puedes probar renegando, desvalorizando, sugiriendo, advirtiendo, hasta que caes rendida. Esta es generalmente la forma humana de buscar un cambio.

NUESTRA FORMA DE PRODUCIR UN CAMBIO

Es fácil convencerse de tratar de cambiar al esposo en lugar de permitirle a Dios que lo haga a su manera. ¿Por qué queremos que nuestro esposo cambie?

RAZONES PARA CAMBIARLO

1. *Porque sus hábitos nos irritan.* Llega el sábado por la mañana y tú estás levantada a las siete, medio dormida, echando cereales en los platos y advirtiendo que los sábados no son diferentes de los demás días. ¡Cómo te gustaría quedarte a dormir, especialmente cuando Don Pancho está todavía roncando! Cuando el reloj marca las nueve, y luego las diez, tu irritación aumenta. Golpeas las puertas, buscas razones para entrar en el dormitorio, haces comentarios socarrones deseando que el galán esté disfrutando su descanso, y luego vas a la otra habitación a protestar.

¡El hábito molesto de un esposo radicaba en el extraño horario en que se bañaba! "En una época me irritaba por la hora del día en que mi esposo se bañaba. Se levantaba, se vestía, tomaba el desayuno, leía el diario, y luego se desvestía y se bañaba. ¡Imagínate el desperdicio de tiempo al tener que vestirse dos veces! Le sugerí, razoné, protesté, rogué y lo ridiculicé, ¡hasta que ambos sentíamos que nuestro matrimonio pendía precariamente sobre su horario de baño! Pasaron meses hasta que me di cuenta que había empezado a levantarse más temprano para compensar el tiempo perdido. Trabajaba lo suficientemente duro como para ganarse el derecho a "gastar tiempo" como él quisiera. Más aun, él es la cabeza del hogar; por lo tanto tiene la libertad de bañarse a cualquier hora del día o de la noche que él elija. (Todavía pienso que es estúpido su horario, pero me reservo la opinión. A los 42 años, tiene edad suficiente como para saber cuándo bañarse.[2])

2. *Por un sentimiento de santidad propia.* Dora era tan santa que iba a la iglesia cada vez que la puerta estaba abierta. Cada vez que iba le recordaba a Larry que él debía ir; que necesitaba ir. Y cada vez que ella lo decía, él decidía quedarse en casa.

3. *Para su beneficio.* ¡Celia amaba profundamente a su esposo, todos y cada uno de sus 120 kilogramos! Su exceso de peso la afligía porque estaba segura de que tendría un ataque cardíaco a los cuarenta años o se volvería diabético si no bajaba esos kilos extra. Perseguía continuamente a Carlos para que bajara de peso, probaba todos los métodos para convencerlo. Cuanto más lo perseguía, más comía él. Ella preparaba comidas de pocas calorías, y él comía por otro lado. Su deseo de que él cambiara tenía una motivación sincera, ¡pero aún así no funcionaba!

4. *¿Qué dirá la gente?* Realmente amas a tu esposo y estás convencida de que si se vistiera más a la moda, en vez de usar ese traje

viejo que usa tan a menudo, sería mejor visto por la gente.

Toda esposa quiere que su marido sea querido y aceptado en su familia, ¡y yo no era una excepción! Mi familia vive en la playa en California del Sur, y para ellos, el paraíso consiste en pasar un día entero tirados en la arena sin hacer nada. Mi querido esposo no sabe cómo "no hacer nada". En nuestros viajes a California siempre se llevaba sus libros. De modo que mientras la familia retozaba en el sol, en la arena, y hacía surf, Jody estaba en la casa leyendo la Exposición de la *Unión Hipostática*, de Atanasio. Yo estaba segura de que mi familia vería eso como muy absurdo, de modo que empecé a trabajar como "Espíritu Santo": "Querido, ¿no te gusta el sol? Es realmente hermoso. . .".

Absorto, Jody continuaba leyendo, y yo continuaba sospechando que mi familia pensaba que me había casado con un extraterrestre. (Por supuesto, ellos no sentían tal cosa).

Dios finalmente logró que yo aceptara a Jody tal como es, un individuo maravilloso creado por Dios para un propósito especial. Cuando le permití a Jody la libertad de ser lo que es, un estudioso, me retribuyó tratando de ser todo lo que yo deseaba que fuera.

No mucho después de una de nuestras visitas a California, volvió a ir porque debía dar unas conferencias, y visitó a mi familia. Me escribió desde allí: "Querida, ¿creerías que en un solo día he andado en bote, he tomado sol, he andado en bicicleta, fui a la feria de diversiones y estuve nadando? ¡Soy todo un atleta!"

5. *Por el bien de los chicos.* La motivación consciente por la que deseas que tu esposo tenga buenos modales a la mesa es para que dé buen ejemplo a los chicos. ¿Está mal eso? Y está el caso del líder de la iglesia que maldice en la casa delante de los chicos, quienes lo consideran un hipócrita. ¿No debe la esposa encargarse de que cambie?

Hemos visto algunas de las motivaciones por las que queremos forzar a nuestro esposo a que cambie. Ahora veamos algunas de las áreas de su vida que nosotros tratamos de cambiar.

AREAS QUE DEBEN CAMBIAR[3]

1. *Sus hábitos personales.* Quizás sea la forma en que cuelga la toalla (la deja en el piso del baño), o quizás sus estallidos violentos de cólera.

El esposo de Paula tenía problemas con la bebida. Mientras más bebía, más tiempo pasaba fuera de la casa. Noche tras noche llegaba a la madrugada oliendo a alcohol y a perfumes de otras mujeres. Paula amenzaba, gritaba y lloraba, pero sin resultado.

Cuando ella aceptó a Jesús como su Salvador personal, comenzó a pedirle a Dios que le ayudara a amar a su esposo tal como era. ¡Estoy segura de que te darás cuenta de que ésta no era una tarea fácil! Paula dejó de desmerecer a su esposo delante de los chicos. Cuando le preguntaban dónde estaba, simplemente decía que estaba con sus amigos. Cuando lo escuchaba entrar tropezando a las tres de la mañana, se levantaba y le decía que le había preparado su comida favorita y le gustaría servírsela.

El pobre hombre estaba estupefacto. Paula continuó dando, y cerca de la Navidad su esposo le dijo, con lágrimas en los ojos: "Desearía darte un esposo sobrio para la Navidad, pero no puedo".

Sería una historia de hadas si te dijera que una semana más tarde ya había cambiado. No fue una semana. Más bien cerca de un año, durante el cual Paula continuó sufriendo. Recientmente Paula le dijo a una amiga que los cambios en su hogar han sido notables. Su esposo ha dejado de tomar, ha aceptado a Cristo como su Salvador, y la familia es muy feliz.

2. *Su actitud hacia los hijos.* Muchas mujeres querrían ver a sus esposos pasar más tiempo con los chicos. Otras querrían que el marido fijara un devocional regular con los hijos. ¡Algunas simplemente querrían que estuviera en la casa lo suficiente como para que los chicos supieran que realmente tienen un padre!

3. *Su manera de manejar el dinero.* Las esposas anhelan que sus maridos tengan responsabilidad en el manejo de las finanzas. He conocido a mujeres que escondían el dinero o la chequera, o mantenían una cuenta secreta en el banco. Otras entregan a su esposo asignaciones como si fueran criaturas. Cuando un esposo es irresponsable con el dinero, la esposa se vuelve cada vez más insegura, y la inseguridad daña el matrimonio.

4. *La vida sexual.* Una mujer definió el problema con claridad diciendo: "Estoy cansada del enfoque cavernícola que Harry le da al sexo. Después del noticioso de las 10, dice monótonamente: '¿tienes ganas?' "

5. *Su falta de liderazgo espiritual.* En los primeros años de nuestro matrimonio, pertenecíamos a una iglesia maravillosa. Puesto

que yo era el "Espíritu Santo privado" de Jody, me importaba que se lo considerara bien. A Jody no le gusta cantar, y durante el servicio se paraba como un soldadito de juguete con la mirada perdida mientras todos los demás cantaban. Yo tenía miedo de que la gente pensara que él no participaba porque no tenía interés.

De modo que me precipité a la acción, codeándolo, susurrándole al oído que debía cantar, y luego dándole un largo discurso sobre los valores que implicaba el cantar en la iglesia. Por cierto que esto no cambió a Jody. Sólo producía peleas en el camino de regreso a casa. Me avergüenza haber renegado y peleado sobre algo relativamente insignificante, y me parece que nosotras las esposas elegimos discutir sobre lo insignificante. Las reconvenciones no van a producir un gigante espiritual. ¡Sólo Dios el Espíritu Santo puede hacer eso!

6. *Sus hábitos sociales.* Tengo una amiga, Joan, que pertenece a una familia pudiente de San Luis. Mientras estudiaba, Joan se enamoró de un hacendado de Texas. (¡No era un campechano, pero tampoco era precisamente lo que se encontraría en la alta sociedad!) Como ocurre con las parejas comprometidas, Joan y Esteban fueron a San Luis a una fiesta que daban los parientes de ella. ¡Todos querían conocer a su novio!

La cena estuvo hermosa, con asado, papas y una salsa deliciosa. A Esteban le quedaba un poco de salsa en el plato, de modo que hizo lo que cualquier tejano respetable hubiera hecho: ¡mojó el pan en la salsa! Mirando horrorizada, Joan subrepticiamente tomó su tenedor y lo clavó en la pierna de Esteban por debajo de la mesa. Esteban se puso furioso y no habló una palabra más durante la cena. Joan dijo que sus parientes pensaron que le faltaba personalidad porque había estado tan callado. ¡Pero ella sabía el porqué!

7. *Sus aspiraciones, o la falta de ellas.* Algunos esposos trabajan hasta que les da un síncope. Otros parecen no tener ambiciones de nada. Una mujer me dijo que sabía que su esposo podría llegar a ser presidente de la empresa pero que no tenía ningún deseo de serlo. Estaba perfectamente cómodo donde estaba. Ella ambicionaba otra cosa, sin embargo, y surgieron las inevitables peleas.

8. *Su cooperación en el hogar.* ¡La basura, las bombillas, los adornos del árbol de Navidad! ¡En nuestra casa, los adornos del arbolito se sacaron el 17 de marzo! Yo ya empezaba a pensar que convenía dejarlos puestos para la próxima Navidad. Muchas esposas tienen

disgustos por la evasión masculina de los trabajos del hogar.

9. *Tiempo contigo.* Quizás te sientes abandonada porque tu esposo pasa mucho tiempo en la oficina o en el club con los "muchachos". Una esposa probó renegando, llorando, gritando y todo lo que se le ocurría hacer para lograr que su esposo se diera cuenta de que ella lo necesitaba en la casa antes de las 10 de la noche. Finalmente, decidió cambiar de táctica. Comenzó a hacer cosas como llevarle la comida al trabajo y escribirle tarjetas de amor. ¡Comenzó a quedarse más en la casa, y a gustarle!

RESULTADOS

Hemos visto algunas de las motivaciones y racionalizaciones que hay detrás de nuestro deseo de que nuestros esposos cambien. Hemos visto algunas de las áreas en las que queremos que sus vidas cambien. ¿Cuáles son los resultados de tratar de rehacer a tu esposo a *tu* modo?

1. *Tensión.* Aun cuando se amen realmente el uno al otro, la feroz competencia de voluntades produce tensión conyugal, e invariablemente estalla de forma desastrosa.

2. *Destrucción del amor.* Cuando tratas de cambiar a un hombre, te pones en su contra. Muchos hombres han dejado de amar a su esposa porque constantemente actúa como una combinación de madre, consejera espiritual y dietista.

3. *Rebelión.* La mayoría de los hombres quiere tener la delantera. Si lo instas a hacer dieta, es probable que se rebele. Sabe que necesita hacer dieta pero se opone a tu intento de regir su vida.

4. *Desaliento.* Un hombre quiere que su esposa esté orgullosa de él. Por tu forma de renegar y tratar de cambiarlo, le estás diciendo: "En realidad no te quiero como eres".

5. *Se impide la obra de Dios.* Es nuestra obra mantener sano a nuestros esposos; es responsabilidad de Dios hacerlo santo. ¿No es eso fantástico? Dios le dio esposa al hombre para que lo ame, lo estimule y lo haga feliz. Dios el Espíritu Santo no necesita que seamos "Espíritus Santos privados". Él obrará por su cuenta para producir los cambios necesarios en su vida. Dios tiene un propósito único y especial para ti y para tu matrimonio. Su ritmo puede no ser el tuyo, ¡pero puedes estar segura de que está obrando!

De modo que la manera humana de producir cambios no funciona. ¡Dios, en cambio, garantiza los resultados!

¿Cuál es el método de Dios?

LA FORMA EN QUE DIOS PRODUCE CAMBIOS

Paso 1. *Aceptación total.*

Si quieres ganar el amor profundo de tu esposo, debes aceptarlo como es, sin condiciones ni cambios. Debes estar satisfecha con su persona tal como es ahora. Demuestras tu aceptación al no tratar de producir cambios en él.

Te oigo decir: "¡Eso es humanamente imposible!"

¡Tienes razón!

La base de la aceptación de la pareja es la cruz de Jesucristo. No podemos perdonar hasta que somos completamente perdonados. *No podemos amar y aceptar a nuestro esposo hasta que nos hayamos sido totalmente amadas y aceptadas.*

Quisiera compartir contigo cómo Dios me trajo hasta un punto en el que fui capaz de empezar a perdonar, a amar incondicionalmente y a aceptar a mi esposo y a otros tal como son, sin condiciones de cambio.

Cuando niña era religiosa, y se me consideraba una niña "bien criada". Me esforzaba y generalmente lograba cualquier cosa que me propusiera en la vida. Me imaginaba que al final de la vida Dios pesaría mis obras buenas y mis obras malas, y si las buenas pesaban más, ¡estaba salvada! Luego, como adolescente, me planteé un problema para el cual no tenía solución. Mi padre era alcohólico, y durante mis años formativos yo había acumulado resentimiento contra él. Había destruido nuestra familia, había herido terriblemente a mi madre, a mi hermano y a mí, y me resultaba muy difícil perdonarlo y aceptarlo.

Aunque mi maravillosa madre proveía estabilidad en medio del sufrimiento, yo tenía sentimientos de inseguridad, y se manifestaban en mis relaciones con los varones. Desde que entré a la secundaria, ¡siempre había algún muchacho! Un anillo, una cadena, un compromiso, y sin embargo las relaciones nunca duraban. ¡Era la más voluble de las volubles! En lo profundo tenía miedo de que si me casaba, sería feliz durante seis meses, y luego encontraría alguien que me parecería mejor. Después de actuar según esta pauta durante tantos años, me preguntaba si alguna vez podría amar de una forma total y duradera.

Cuando era estudiante universitaria me invitaron a escuchar a un predicador, que hablaba sobre las exigencias de Jesucristo. Fui porque era religiosa y además porque me gustaba el chico que me había invitado. Esa noche oí por primera vez que el cristianismo no es una lista de reglas, no es un código ético ni una filosofía de vida, sino una relación. Una relación con Jesucristo. Y aprendí que podía iniciar esta relación si advertía que necesitaba a Cristo, que no podía ganar por mis propios méritos mi entrada al cielo, ni por mis sinceros esfuerzos ni por mis actividades religiosas.

Nunca había estado dispuesta a aceptar que era pecadora. Pecado era el asesinato, el adulterio, y además, ¡yo me esforzaba en serio! ¡Las buenas intenciones debían valer para algo!

A través de la Palabra de Dios comprendí que el pecado no se da sólo en hechos sino en actitudes; una actitud de indiferencia o independencia de Dios, y que eran mis pecados y egoísmo lo que me separaban de Dios. Cristo era el único que podía perdonar mis pecados.

Una historia me lo aclaró todo. Supongamos que mientras maneja, una mujer llamada Jacinta, recibiera una multa por exceso de velocidad y fuera citada ante la corte. Parada delante del juez, se la encuentra culpable y se la sentencia a cincuenta dólares o cinco días de arresto. Mansamente empieza a abrir la chequera, pero justo entonces el juez se levanta y se quita la toga. ¡Para su sorpresa, Jacinta advierte que es su propio padre! Se le aproxima y le dice: "Jacinta, eres culpable. Has transgredido la ley, y mereces el castigo. Pero porque te amo, quiero pagar la multa por ti".

Entonces, sacando *su* chequera, llena un cheque por cincuenta dólares.

Esta es una figura exacta de lo que Dios, nuestro Padre, hizo cuando Cristo murió en la cruz. Dios el Juez justo, nos declaró culpables de pecado, pero como Padre amante no quería que pagáramos la pena de la muerte eterna y la separación de su presencia. Así que mandó a su Hijo a morir para que tú y yo pudiéramos ser perdonados y tuviéramos vida eterna. Cuando Jesucristo exclamó sus últimas palabras en la cruz, "Consumado es", o como dice literalmente en griego, "Completamente pagado", estaba pagando tu multa y la mía, tal como el juez de la historia.

La multa había sido pagada, pero Jacinta todavía debía hacer una decisión. ¿Se portaría como una criatura rebelde y diría con voz desafiante: "No gracias, puedes guardarte tu cheque. Lo voy a hacer sola"? ¿O se aproximaría agradecida y aceptaría el regalo que le ofrecían por amor? Esta historia me ayudó lentamente a comprender que yo necesitaba aproximarme y aceptar el regalo de Dios.

Durante veinte años había estado tratando de crecer sin haber nacido espiritualmente. Un día fui silenciosamente, cerré la puerta y corrí las cortinas, (¡no fuera que alguien me viera!) y le dije a Dios que era una falsa; había pasado por todas las etapas religiosas y me había llamado creyente sin saber nunca quién era realmente Jesucristo ni qué había hecho por mí. Oré muy sencillamente, diciéndole a Dios mi necesidad, agradeciéndole por enviar a Cristo a morir por mí en la cruz, y pidiéndole a Cristo que entrara a mi vida, perdonara mis pecados, y me hiciera el tipo de mujer que El quería que fuese. Sabía que me había perdonado completamente y que era amada y aceptada completamente por El.

Al crecer en su amor, fui capaz de volver a mi padre y perdonarlo y amarlo tal como era. También sabía que ahora sería capaz de tomar el compromiso de amar a algún otro como Dios me amaba, incondicionalmente y sin peros. Si nunca has recibido a Cristo como tu Salvador y Señor, puedes cambiar tu destino eterno simplemente dejando este libro a un lado e invitando a Cristo a entrar en tu vida y perdonar tus pecados.

La gracia de Dios es el fundamento de la aceptación en la pareja. Personalmente pienso que es muy difícil, si no imposible, que aceptes a tu marido a menos que hayas tú misma experimentado el perdón y la aceptación de Dios. Ahora que entiendes el paso uno, estás lista para pasar al punto dos, aplicando este concepto a tu esposo.

Paso 2. *Quítate la viga de tu propio ojo.*

"¿Y por qué miras la paja que está en el ojo de tu hermano, y no echas de ver la viga que está en tu propio ojo? ¿O cómo dirás a tu hermano: Déjame sacar la paja de tu ojo, y he aquí la viga en el ojo tuyo? ¡Hipócrita! saca primero la viga de tu propio ojo, y entonces verás bien para sacar la paja del ojo de tu hermano" (Mateo 7:3-5).

¡A menudo estamos tan preocupadas por las faltas de nuestro esposo que no vemos las propias! Jay Adams comienza su orientación conyugal con el siguiente proyecto (ver al pie de la página). En la columna de la izquierda enumera las faltas de tu compañero. Y luego en la columna de la derecha enumera setenta y cinco reacciones equivocadas ante esas faltas. Quizás el defecto de tu esposo sea que es desordenado. ¿Cuál es tu respuesta? ¿Renegar, lamentar, gritar, tratarlo con indiferencia, o tirar la ropa que él deja desparramada?

Te recomiendo que hagas este ejercicio ahora. Busca una hoja de papel y prepara las columnas. Enumera las faltas de tu esposo y tus reacciones equivocadas a medida que las recuerdas. Te sorprenderás de que tus reacciones son tan malas o peores que las faltas de tu marido. Después que termines, confiesa tus actitudes equivocadas ante Dios y quema el papel. Por cierto *no se lo muestres* a tu esposo. Este ejercicio es para tu *beneficio*, ¡para ayudarte a quitar la viga de tu propio ojo!

PASO DOS — QUITAR LA VIGA

Fallas

1. No pasa suficiente tiempo con los niños.

Reacciones equivocadas

1. Renegar.
2. Desvalorizarlo.
3. Suspirar y lamentar.
4. Compararlo con otros hombres.
5. Criticarlo.
6. Tratarlo con descuido.
7. Rechazarlo como persona.
8. Desatenderlo en la relación sexual.
9. Ira.
10. Mostrarle indiferencia.
11. Murmurar con otras mujeres.
12. Disminuirlo en público.
13. Citar versículos bíblicos.
14. Sentirse más justa.
15. Sentir amargura.
16. Guardar silencio.

Paso 3. *Deja tus derechos en manos de Dios.*

¡A menudo pensamos que por habernos esforzado o por nuestro sentido de justicia, *merecemos* tener un esposo que se conduzca adecuadamente en todas las áreas! De modo que queremos que nuestro esposo cambie para adaptarse a nuestras expectativas. Esta actitud es una barrera fundamental para poder aceptarlo sinceramente. Para poder liberarte de tus expectativas, debes dejar de lado lo que crees que *mereces* de tu marido.

"Nada hagáis por contienda o por vanagloria; antes bien con humildad, estimando cada uno a los demás como superiores a él mismo" (Filipenses 2:3).

Muchas veces los deseos de cambiar a tu esposo surgen de motivos egoístas; el motivo implícito es tu propio beneficio. Nuestra atención está centrada en nosotras mismas. Jesús dice: "Con humildad, estimando cada uno a los demás como superiores a él mismo", ¡y "los demás" incluye al esposo! "Haya, pues, en vosotros este sentir que hubo también en Cristo Jesús, el cual, siendo en forma de Dios, no estimó el ser igual a Dios como cosa a que aferrarse" (Filipenses 2:5,6). Cristo era Dios y merecía todos los derechos de la Deidad. No tuvo la igualdad a Dios como algo a lo cual aferrarse. No consideró sus derechos de ser igual a Dios como algo a lo cual debía prenderse. Si Cristo no se aferró a sus "derechos" como Deidad, nosotros debiéramos seguir su ejemplo. Deja a un lado lo que crees que *mereces* de tu esposo y renuncia a tus expectativas de cambiarlo. Mira lo que Cristo hizo: "Se despojó a sí mismo, tomando forma de siervo, hecho semejante a los hombres" (Filipenses 2:7). Se despojó a sí mismo, dejando a un lado sus derechos divinos. Su propósito fue servir a otros en lugar de servirse a sí mismo. Demasiado a menudo nuestro propósito es que nuestro marido cambie para adecuarse a nosotras; no para su propio beneficio sino para el nuestro.

¿Qué premio tuvo Cristo? ¿La alabanza de los hombres? No. ¡La alabanza de Dios!

"Por lo cual Dios también le exaltó hasta lo sumo, y le dio un nombre que es sobre todo nombre" (Filipenses 2:9).

¡Por haberse despojado de sus privilegios para hacer la voluntad de Dios y adoptar un corazón de siervo, Dios lo exaltó hasta lo sumo! Su recompensa vinó de Dios. Una mujer protestó: "He probado esto antes durante dos semanas. Renuncié a todos mis derechos y mi esposo no cambió". La recompensa que ella esperaba era un esposo cambiado. El premio que debía haber estado esperando era la alabanza de Dios. Lo hacemos no por lo que vamos a recibir sino porque somos siervos fieles.

¿No quieres otro ejercicio? A continuación hay una lista de nueve áreas en las que quizás quieras ver cambiado a tu esposo. En una hoja de papel, copia esta guía y anota lo que quieres que cambie en cada área. ¡Puedes agregar otras si quieres! Ahora escribe Filipenses 2:5-7 por encima de la lista y bótala. Ahora que has renunciado a tus derechos en cuanto a todo lo que creas que *mereces* de tu esposo, estás en condiciones de descubrir aspectos positivos.

AREAS DE EXPECTATIVA	CAMBIOS DESEADOS (Mis "derechos")
1. Hábitos personales	Un esposo ordenado y cuidadoso que *siempre* levante las tohallas y la ropa y guarde sus zapatos.
2. Hijos	Un esposo que se interese *profundamente* por todo lo que los chicos hagan, en su disciplina, su enseñanza, y que juegue con ellos.
3. Finanzas	Un esposo que sea responsable con las finanzas, que pague las cuentas a término, ¡y me dé *mucho* dinero extra!
4. Vida sexual	¡Un esposo *muy* romántico, tierno, excitante, sensible, amante!
5. Espiritual	
6. Social	

7. Aspiraciones

8. Tareas en el hogar

9. Tiempo

Paso 4. *Registra las cualidades positivas.*

"Por lo demás, hermanos, todo lo que es verdadero, todo lo honesto, todo lo justo, todo lo puro, todo lo amable, todo lo que es de buen nombre; si hay virtud alguna, si algo digno de alabanza, en esto pensad" (Filipenses 4:8).

¿Se levanta tu esposo para ir a trabajar? Da gracias a Dios por ello. ¿Quiere ser un hombre de Dios? Da gracias a Dios por ello. ¿Juega con los chicos? Da gracias a Dios por ello.

De hecho, ¿por qué no agradecer a Dios por todo lo positivo que hay en él? Toma otra hoja de papel y anota *todas* las cosas por las que debes estar agradecida respecto a tu esposo. No necesitas destruir esta hoja; aún más, ¡puedes mostrársela!

Paso 5. *Pide perdón a tu esposo.*

"Por tanto, si traes tu ofrenda al altar, y allí te acuerdas de que tu hermano tiene algo contra ti, deja allí tu ofrenda delante del altar, y anda, reconcíliate primero con tu hermano, y entonces ven y presenta tu ofrenda" (Mateo 5:23,24).

Algunas de nosotras hemos alejado completamente a nuestro esposo por no saber aceptarlo. Hemos herido su ego masculino profundamente y hemos provocado su rebelión contra nosotras. Cada situación es diferente, y muchas de ustedes no necesitarán pedir perdón a su esposo, pero algunas sí. Antes de poder empezar a construir tu matrimonio, antes de que puedas respetar y someterte a tu esposo, necesitas buscar su perdón por tus actitudes erradas. No lo hagas apresuradamente como una reacción emocional por la lectura de este libro. Piénsalo, ora en cuanto a ello, y pide a Dios sabiduría respecto a si debes pedir perdón a tu esposo; y si es así, cómo debes hacerlo.

Si después de mucha oración y reflexión sientes la necesidad de limpiar la pizarra y admitir tus faltas, acércate a él de tal forma que *toda la culpa caiga sobre ti*. Por ejemplo, no debes decir: "Querido, por ser tú una persona tan difícil y tener tantos malos hábitos, yo no he estado siendo una buena esposa". ¡Recuerda, estás pidiendo perdón, no diciéndole sus faltas!

Quizás puedas decir algo así: "Querido, me he dado cuenta recientemente de que no te amaba como debía, y quiero pedirte perdón", O bien: "Querido, sé que he sido desconsiderada con tus sentimientos, y quiero pedirte que me perdones". Luego pregúntale: "¿Me perdonarás?"

Como ya dije, muchas de ustedes no sentirán la necesidad de pedir perdón. Pueden pasar directamente a considerar lo positivo. Pero para otras, el vaso deberá ser limpiado antes de poder llenarlo con agua fresca y limpia.

Paso 6. *Expresa verbalmente tu aceptación.*

De esto trata el próximo capítulo. Respeto significa mostrar en la práctica una aceptación total. ¡Una vez que aceptas a tu esposo como es sin pretensiones de que cambie, estás lista para empezar a tenerlo en cuenta, atenderlo, honrarlo, preferirlo, venerarlo y estimarlo; alabarlo, amarlo y admirarlo hasta el extremo!

CAPITULO VI
Su más grande admiradora

El empezó su vida con todas las desventajas clásicas. Su madre era una mujer fornida y dominante a quien le resultaba difícil amar a alguien. Se había casado tres veces, y su segundo esposo se había divorciado porque ella lo castigaba regularmente. El padre del niño que describo había sido su tercer esposo; murió de un ataque al corazón poco después del nacimiento de la criatura. En consecuencia, su madre debía trabajar muchas horas desde que él era pequeño. No le dio afecto, ni amor, ni disciplina, ni entrenamiento en aquellos primeros años. Aun le prohibía que la llamara al trabajo. Los demás chicos le prestaban poca atención, de modo que estaba solo la mayor parte del tiempo. Fue absolutamente rechazado desde la más tierna infancia. Era feo y pobre y no tenía el entrenamiento adecuado y no inspiraba deseos a que se amase. Cuando tenía trece años el psicólogo de la escuela comentó que quizás ni siquiera sabía el significado de la palabra "amor". Durante la adolescencia, las chicas no lo miraban y se peleaba con los muchachos. A pesar de un alto coeficiente de inteligencia, fallaba en los estudios, y finalmente abandonó al promediar la secundaria. Pensó que encontraría alguna autoestima entrando en la Marina. Allí se forjaban hombres y él quería ser uno de ellos. Pero llevó su problema consigo. Los otros marineros se reían de él y lo ridiculizaban. Se resistía, se rebelaba ante la autoridad, lo llevaron a la corte marcial y terminó expulsado por indeseable. De modo que allí estaba; un hombre joven, apenas pasados los veinte años, absolutamente sin amigos, naufragado. Era menudo y de poca estatura. Tenía un acento infantil en la voz. Se estaba quedando calvo. No tenía ninguna aptitud, ni habilidad, ni sentido de valía personal. Ni siquiera tenía licencia para guiar. Una vez más pensó que podría huir de sus problemas y se fue a vivir a otro país. Pero fue rechazado allí también. Nada había cambiado. Mientras estuvo en el extranjero, se casó con una joven que a su vez había sido hija ilegítima, y la trajo a América consigo. Pronto su mujer comenzó a tratarlo con el mismo desprecio que todos le brindaban. Le dio dos hijos, pero nunca gozó de la posición y respeto que un padre debe tener. Su matrimonio seguía hundiéndose. Su esposa le exigía más y más cosas que él no le podía proveer. En lugar de ser su aliada contra el mundo hostil, como él había esperado, se tornó su más feroz enemigo. Ella podía pelear y ganarle y aprendió a dominarlo con su agresividad. Una vez lo encerró en el baño como castigo. Finalmente, lo obligó a marcharse. Trató de arreglarse solo pero se sentía terriblemente solitario. Después de un período de aislamiento, volvió a la casa y literalmente le rogó a su mujer que lo dejara quedarse. Perdió todo respeto de sí, se arrastró hasta ella y aceptó sus condiciones. A pesar de su magro salario, le trajo setenta y ocho dólares de regalo, pidiéndole que los recibiera y los gastara como quisiera. Pero ella se rio de él. Menospreció sus débiles intentos por mantener la familia. Se burló de sus fracasos. Se rio de su impotencia sexual delante de un amigo que estaba presente. En cierto momento, él cayó a sus pies llorando amargamente, sintiendo que la mayor oscuridad de su propia pesadilla lo iba envolviendo. Finalmente, en silencio, dejó de rogar. Nadie lo quería. Era quizás el hombre más rechazado de nuestra época. Su ego yacía hecho polvo. Al día siguiente, se despertó sintiéndose extrañamente diferente. Se levantó, fue al garaje y bajó un rifle que había escondido allí. Lo llevó consigo a su trabajo recién adquirido, un depósito de libos. Y desde una ventana del tercer piso de ese edificio, poco después del mediodía del 22 de noviembre de 1963, disparó dos balas a la cabeza del presidente John Kennedy. Lee Harvey Oswald, el rechazado, el malquerido, el fracasado, mató al hombre que más que ningún otro en el mundo simbolizaba el éxito, la belleza, la riqueza y el afecto familiar de que él había carecido. Al disparar ese rifle, usó la única destreza que había aprendido en toda su desdichada vida.[1]

La primera vez que leí esto acerca de Lee Harvey Oswald en el excelente libro de James Dobson: *Hide or Seek*, me sobrecogió un pensamiento: ¿Hubiera sido diferente la historia si su esposa hubiera sido su aliada contra el mundo cruel en vez de ser su más agria oponente? ¿Podría haber madurado lenta pero eficazmente hasta llegar a ser un hombre maduro si su esposa hubiera estado detrás suyo, de su lado, y lo hubiera admirado?

Los psiquiatras dicen que, además de un cálido amor sexual, las necesidades básicas del hombre son la aprobación y la admiración. En nuestra sociedad hay una epidemia de complejo de inferioridad. Muchas veces los problemas conyugales son en esencia problemas personales, y a menudo los problemas se relacionan con una "autoimagen" mala. Muchos de los problemas de nuestra sociedad se deben al hecho de que los hombres no sean hombres. No asumen el liderazgo. La razón por la que se niegan a dirigir se debe a menudo a profundos sentimientos de inseguridad y temor. Puesto que esto ocurre a nivel emocional, con frecuencia resulta difícil de expresar.

La palabra *respeto* significa "pararse en reverencia", lo que implica "respetar, honrar, estimar, adorar, alabar, disfrutar y admirar". La admiración es una de las cosas principales que una esposa puede expresar para construir la autoimagen de su esposo. Aun cuando tu esposo ya tenga una saludable imagen de sí mismo, *Dios puede usar tu admiración para desarrollar en él más plenamente al hombre que Dios quiere que sea, ¡y al esposo que tú quieres que sea!*

La autoimagen de tu esposo está directamente conectada a tu admiración y alabanza privada y pública. Se ha dicho que "detrás de todo gran hombre hay una gran mujer". Yo pienso que una gran mujer es aquella que admira, edifica y glorifica a su esposo, transformando y mejorando así la imagen que él tiene de sí mismo. Hay tres palabras claves en relación al desarrollo de la autoimagen de tu esposo. 1. *Acéptalo* por lo que es. 2. *Admira* sus cualidades varoniles. 3. Sométete a su *autoridad*.

TU VIDA PRIVADA

¿Edificas o destruyes? ¿Qué le comunicas a tu esposo cuando entra por la puerta al regresar del trabajo? ¿Lo estimulas genuinamente o le comunicas insatisfacción? ¿Se ilumina tu rostro cuando te habla o percibe burla y desconfianza? Un hombre puede tener de todo fuera del hogar pero si le falta el respeto sincero de su esposa e hijos puede sentirse totalmente desprestigiado como hombre.

Jorge era un hombre así. ¡Cualquiera que lo conociera se hubiera reído si alguien hubiera sugerido que *él* se sentía sin hombría! Jorge lo tenía todo. Siempre sobresalía; siempre había sido el mejor en todo lo que había probado. Después de graduarse como abogado consiguió con facilidad un empleo con un sueldo altísimo. Era respetado por sus compañeros, sus empleados y por todos los miembros de la comunidad empresaria. Triunfos atléticos, riqueza, éxito, ¿qué más podía pedir un hombre?

Lo que *más* deseaba y necesitaba desesperadamente Jorge era el respeto y la admiración de su esposa. Pero en vez de ser su compañera, se había dispuesto a ser la campeona en el hogar. Si él sobresalía, ella lo haría aún más. Cada uno hacía lo suyo, ¡pero ella estaba decidida a que *su* "parte" sería mejor que la de *él*! Gradualmente su actitud comenzó a destruirlo emocionalmente. Distraído y apesadumbrado, perdió su trabajo.

En desesperación, aceptó escribir con ella un libro sobre el matrimonio moderno. Se vendieron más de 200.000 ejemplares de este libro, propagando la filosofía de "cada uno vive su vida", mientras su propio matrimonio estaba en un estado lamentable. Su esposa lo dejó, y él entró a trabajar como limpiador. Luego un amigo nuestro lo conoció y compartió con él el amor de Jesucristo. Respondió aceptándole, y su vida empezó a cambiar. Por primera vez advirtió qué había pasado en su matrimonio y por qué. Aprendió las reglas que Dios había dado para los esposos y las esposas, y reconoció que su matrimonio había sido una farsa.

Jorge le escribió a su esposa, pidiéndole perdón por su fracaso en ser el jefe del hogar. Le dijo que deseaba renovar su matrimonio en Cristo. Aún no se han unido, pero con el estímulo de Cristo, él ha ordenado nuevamente su vida. Ha conseguido otro puesto lucrativo en su profesión, usando sus capacidades, y está en camino de ser el hombre que Dios quiere que sea.

Te escucho decir: "¡Este es un ejemplo extremo! ¡De ejecutivo a limpiador, todo por una mujer!" Seguro, es excepcional. Aunque no siempre se llegue a tal extremo cuando una esposa falla en dar a su esposo el respeto que Dios había intencionado y qué él necesita desesperadamente, pueden ocurrir, y ocurren, cosas trágicas.

A LA VISTA DEL PUBLICO

¿Qué ven los demás? ¿Qué imagen de tu esposo reciben los otros a través tuyo? Dios dice que debes publicar sus virtudes, anunciando tu amor y admiración por él en todo lo que haces y dices. ¿Piensan tus amigos y vecinos que tu esposo es maravilloso o que es pesado? ¿Dónde obtuvieron esa información?

En Proverbios 31 leemos que "su marido es conocido en las puertas, cuando se sienta con los ancianos de la tierra". Un escritor moderno interpretó esto así: "Su esposo es bien conceptuado por los demás porque ella nunca lo zahiere".

Un ejecutivo de una firma comercial fue a Nueva York y sacó un aviso en el diario buscando veinte hombres que cumplieran las condiciones estipuladas. Ofrecía un sueldo altísimo por año durante cinco años, más una buena suma de dinero para iniciar una empresa propia. Instaló su oficina en la pieza de un hotel durante tres semanas, entrevistando a candidatos durante dieciocho horas diarias. Al cabo de las tres semanas había conseguido a los veinte hombres.

Luego hizo algo extraño. Pidió entrevistar a las esposas de los veinte hombres. Una por una fueron yendo, y después de hablar con las veinte, sólo le quedaron nueve hombres. Dijo que no entrevistaba a las mujeres para conocer su inteligencia, belleza o madurez. Entrevistaba a cada mujer para saber si estaba del lado de su esposo y si lo respaldaría. Decía que ofrecía a los hombres una gran oportunidad pero que requería esfuerzo y dedicación. Sabía que sin el estímulo y alabanza de sus esposas no podrían triunfar. ¿Hubiera sido tu esposo uno de los nueve seleccionados?

Resulta claro en Efesios 5 que una esposa debe admirar a su esposo y edificarlo. La mayor parte de nosotros sabemos por experiencia que todo hombre, mujer y niño necesita ser admirado. ¿Por qué entonces muchas de nosotras no damos a nuestros hombres la admiración que necesitan?

BARRERAS PARA LA ADMIRACION

Sensación de incomodidad. Es extraño que podamos admirar el peinado de una amiga, sus plantas colgantes o su guiso húngaro, pero a menudo no podemos o no queremos expresar admiración a nuestro esposo. Quizás tengamos miedo de que esto lo pondrá incómodo o molesto. Algunas personas simplemente no saben cómo aceptar cumplidos.

Mi esposo ya es demasiado egocéntrico. He escuchado a muchas mujeres dar esta razón para explicar que no admiren a sus esposos. Quizás su egocentrismo o autoalabanza sea un grito desesperado pidiendo admiración. Nadie más lo hace, de modo que él mismo lo hace.

No tiene ninguna cualidad evidente. En 1 Corintios 13 leemos que el amor "todo lo cree". Al decirle a una mujer que admirara a su esposo, contestó que no había en él nada que pudiera admirarse. La conductora del curso le pidió que retrocediera mentalmente en su vida matrimonial y encontrara algo que pudiera admirar en él. Obedientemente la mujer fue a su casa y le dijo a su esposo que admiraba la forma en que había manejado el dinero durante le depresión. (¡Eso sí que se llama retroceder lejos!) El pobre hombre, hambriento de admiración y aprecio, se volvió a su esposa con lágrimas en los ojos. ¡Había estado añorando eso durante treinta años!

Goethe, el autor alemán, dijo que si tratas a un hombre como es, quedará como es, pero si lo tratas como lo que debería ser, y podría ser, llegará a ser un hombre valioso.

Jesús era un maestro en el arte de ver a las personas no como eran, sino como podrían ser. El apóstol Pedro es un ejemplo perfecto. Pedro el impulsivo, Pedro el ansioso (me recuerda a mí), siempre listo para saltar antes de mirar. Jesús le dijo a este impulsivo pescador: "Cefas, tú serás llamado Pedro", que quiere decir "roca". Ahora bien, Pedro era de todo menos una roca. Una gelatina quizás, ¡pero nunca una roca! Jesús lo veía, sin embargo, no como era sino como lo que llegaría a ser.

No aceptarlo tal como es. Hasta que no aceptes totalmente a tu esposo sin exigencias de cambio, será muy difícil admirarlo. Lo negativo debe quitarse antes de sembrar lo positivo.

DESARROLLANDO LA ADMIRACION

Uno de cada tipo. Los hombres *no* son todos iguales. Cada uno es un individuo diferente. Su pasatiempo puede variar en la amplia gama que va desde la caza mayor hasta el cocinar. ¿Cuánto conoces a tu hombre? Cada vez me impacta más que Dios haya dado a cada hombre una mujer que lo conozca en forma íntima y pueda

satisfacer sus necesidades. No necesito conocer ni entender al esposo de mi vecina o al tuyo, sólo al mío. Mi esposo es un individuo, diferente de todos los demás hombres, y es a él a quien voy a descubrir.

Las preguntas a continuación son una herramienta para ayudarte
a descubrir a tu hombre. Te estimulo a que contestes por escrito las
preguntas en una hoja de papel. Luego por la noche formula las
mismas preguntas a tu esposo y fíjate cuánto acertaste.

1. ¿Cuál ha sido el suceso más feliz en la vida de tu esposo?

2. ¿Cuál ha sido la experiencia más dura de su vida?

3. ¿Cuáles son sus ambiciones secretas, sus metas en la vida?

4. ¿Cuáles son sus temores más profundos?

5. ¿Qué es lo que más aprecia en ti?

6. ¿Qué rasgos tuyos desearía ver cambiados?

7. ¿Cuál es el hombre o la mujer que más admira?

Hace tres años le hice estas preguntas a mi esposo y descubrí que no lo conocía tan bien como creía. Le pedí que nombrara algunos de sus momentos más felices. Recordó una conversación de tres horas que habíamos tenido en el estado de Nueva York, donde sintió que nos comunicábamos de una manera fantástica. Cuando yo pregunté: "¿Qué conversación?", ¡él no podía creer que yo no la recordara! Su segunda respuesta fue: "Mi primer día en el seminario". Ahora yo quedé sin habla. (¡Fue entonces que me enteré que iba a volver al seminario para doctorarse!) Había estado cuatro años con él en el seminario y no había captado el significado de esta experiencia en su vida.

Durante el seminario de dos días que doy bajo el nombre "Cómo ser una *esposa virtuosa*", les pido a las mujeres que contesten estas preguntas y luego les pidan a sus esposos que las contesten. Han sucedido cosas asombrosas. Una mujer me escribió: "Anoche hice lo que usted nos pidió. Cuando llegamos a la pregunta sobre los temores más profundos en su vida, comenzó a abrirse y conversamos sobre sus temores en el trabajo, por primera vez en treinta años de casados. Hablamos y lloramos juntos durante tres horas, y estoy convencida de que fue el comienzo de una nueva relación matrimonial para nosotros".

La primera sugerencia para descubrir a tu hombre ha consistido en comunicarte con él. Son demasiadas las parejas que hablan de trivialidades y nunca llegan al interior de su cónyuge para descubrir sus alegrías, heridas, éxitos y fracasos.

¿Casa mayor o cocinar? Toma interés en los intereses de tu esposo. Esto puede sonar fácil, ¡pero para algunas de nosotras no lo es! Mi esposo se interesa por estudios teológicos profundos, historia militar y correr. Jody trató infructuosamente durante nueve años de llevarme a la pista a correr. Yo tenía muchas excusas valederas: hacía calor; transpiraría y se me arruinaría el peinado; no podría dar ni una sola vuelta; tenía demasiado que hacer. Una noche me tomó el pulso estando en reposo y tenía ochenta. Luego se tomó el

suyo y tenía cincuenta y siete. Me explicó que mi corazón estaba trabajando más fuerte que el suyo, y por lo tanto me estaba gastando más rápidamente.

¡Fue decisivo! ¡Directo a la pista! ¿Y sabes? ¡Es divertido! Es divertido porque lo hacemos en familia. (Nuestros tres hijos pueden correr 800 mts.) Segundo, aprendí mucho acerca de mi esposo y encontré muchas facetas nuevas por las cuales admirarlo. Tiene un cuerpo fantástico, y ¿cuántos hombres pueden correr cinco kilómetros por día? (¡Mi admiración se hizo mayor cuando descubrí lo difícil que era correr un kilómetro, más aún, cinco!) También ha sido. bueno para mi silueta. Jody se preocupa por mi corazón. Yo me preocupo por mis caderas. ¡Trotar es bueno para ambos!

Tengo una querida amiga cuyo esposo es un apasionado pescador. Cuando eran recién casados, él sugirió que fueran a pescar. Como ella había oído que la familia que juega junta permanece unida, fue. Contaba que la primera vez que puso la carnada en el anzuelo, estaba segura que vomitaría. Como en todas las cosas, se fue tornando más fácil, ¡hasta que llegó a hacerlo con los ojos cerrados!

Ahora, después de muchos años y de cuatro hijos, se siente agradecida por haber tomado interés en los intereses de su esposo. Recientemente me dijo: "Linda, ¿sabes cuál fue el mejor rato que Bruce y yo tuvimos juntos el año pasado? Fue a las seis de la mañana limpiando pescados a la orilla del lago. Los chicos estaban durmiendo, y mientras limpiábamos pescados hablamos de cosas profundas y maravillosas de las que rara vez hablamos. Le agradecí a Dios por aquella mañana en que había estado dispuesta a poner esa primera lombriz en el anzuelo".

¿Estás escuchando? ¿Puede tu esposo hablarte sin que lo ridiculices? ¿Puede confiarte algo y estar seguro de que guardarás reserva? ¿Disminuyes sus debilidades y enfatizas su masculinidad y fortaleza? ¿Creas un clima en el que se sienta seguro de expresar sus temores porque crees en él? ¿Tratas a tu esposo como la persona más importante del mundo o eres más atenta con los vecinos? Les enseñamos a nuestros hijos a ser atentos, pero, ¿somos atentas con su padre?

Si te caes rendida en el sofá, completamente exhausta después de un día duro, se supone que él debe ser comprensivo, ¿verdad? Sin embargo aparece un agente de seguros o un amigo y al momento estamos llenas de sonrisas, café y charla. No estoy diciendo que nunca debamos "aflojar" ante nuestros esposos, pero algunas de nosotras casi no actuamos de ninguna otra manera.

Las esposas a menudo se quejan de que los esposos no hablan, pero muchas veces no los estimulamos a hacerlo. Al hablar con Jody, con frecuencia me siento con la lana en la falda y me pongo a tejer al crochet. Una noche me dijo:

"¡Querida, estoy cansado de hablarle a la aguja de tejer! ¿Tienes idea de cómo distrae hablarle a alguien que está moviendo las manos todo el tiempo a 120 km. por hora?"

Pregúntale. Destina un tiempo cada día para hablar con él. A menudo tomo una tarjeta y anoto lo que Jody tiene que hacer ese día. Mientras oro por él, me refiero a la tarjeta y siento que estoy vitalmente comprometida con cada una de las cosas que hace. Al final del día, tengo muchas preguntas significativas para hacerle.

Hemos descubierto que hablamos mejor lejos de casa. Quizás no ocurra lo mismo contigo. Nosotros amamos nuestro hogar, pero siempre hay interrupciones: dos teléfonos sonando, tres preciosas criaturas reclamando atención, el diariero llamando para cobrar, y muchas otras cosas. En nuestras "citas", vamos a un restaurante y nos sentamos a charlar. Siempre descubrimos que conversamos en otro nivel de profundidad lejos de las distracciones del hogar. Esta técnica puede no ser la solución para todos, de modo que busca algo que sea adecuado para ustedes, ¡y hazlo!

Como muchos hombres tienen profesiones científicas o intelectuales muy abstractas, sus esposas dicen que es difícil hablar con ellos sobre asuntos de su trabajo. Yo puedo entenderlas. Muchos de los conceptos abstractos de Jody son quebraderos de cabeza. Sin embargo, he visto que cuando estoy realmente interesada, puedo entender casi cualquier cosa. Esta es la clave. También puedo advertir cuán absorto está en su tema, cómo ha dominado los detalles intrincados, cómo ha elaborado y desarrollado sus propias ideas, y lo fiel que es a ellas. Aun cuando no puedas entender totalmente lo que dice, puedes buscar rasgos de carácter para admirar.

No interrumpas. Esto parece simple, pero muchas de nosotras somos culpables en esto. El comienza, y nosotros le terminamos la frase. Después de todo, lo conocemos tan bien que estamos seguras de saber exactamente lo que iba a decir. Otras veces, estamos tan interesadas en lo que *nosotras* queremos decir que torpemente interrumpimos para interponer nuestras ideas.

Aprender a aceptar los sentimientos, gustos y actitudes de tu esposo puede hacer mucho en cuanto a establecer la clase de comunicación de la que tanto hablamos. ¿Importa mucho que le haga bien la calabaza si a él no le gusta? Acepta sus gustos. El no necesita una "dietista" ni una "madre sustituta". Quizás le entusiasma jugar al fútbol y tú piensas que ese deporte es estúpido. ¿Qué le trasmites si expresas esa opinión una o dos veces? Que sientes que te has casado con un hombre estúpido. ¿Cómo piensas que él va a expresar lo que le gusta y lo que no le gusta si cuando lo hace se lo considera estúpido?

Olvida el pasado. Juan viene a casa y dice que tiene un fantástico negocio inmobiliario y que va a hacer una inversión. Beatriz le recuerda histéricamente que su última inversión fue un fracaso total.

"¿Cómo se te ocurre otra vez? ¿No me amas?"

Fin de la comunicación. Juan se encierra en la otra pieza dando un portazo.

Es normal que una esposa sienta temor en un área en la que el esposo ha fracasado antes, pero sería mucho mejor manejarlo de esta otra forma. Juan dice que tiene un fantástico negocio inmobiliario. Beatriz le dice: "Dime más acerca de él, Juan. ¡Parece fabuloso!"

Comienzo de la conversación. Juan se abre y comenta mientras su esposa hace observaciones y más preguntas. Le dice a Juan que le alegra que haya encontrado una propiedad que le guste tanto. Más tarde le dice: "Sabes, Juan, es maravilloso tener un esposo en el que se puede confiar. Sé que ambos recordamos el último fracaso financiero, pero sé que vas a analizar este caso a fondo. Tengo confianza en tu decisión.

Y esta vez Juan pasa horas investigando la propiedad. ¿Por qué? ¡Porque quiere estar a la altura de lo que Beatriz piensa de él!

Déjalo soñar. Muchas esposas marchan a través de sus matrimonios con botas con clavos, pisando todos y cada uno de los sueños de su marido. Mi esposo dijo en forma inesperada una noche: "¡Me gustaría ir al Monte Ararat y buscar el arca de Noé!"

Inmediatamente, una esposa práctica como yo, tenía que recordarle que sería terriblemente costoso, imposible para los chicos, ridículo para cualquiera que no fuera un andinista profesional.

A los hombres les gusta soñar. "¿No sería lindo tener un barco?", o bien, "Saquemos los ahorros y vayamos a dar una vuelta al mundo". Luego las esposas prácticas enuncian las razones que lo hacen imposible. La tragedia no es que tantos esposos sueñen con lo imposible, sino que dejen de soñar del todo, gracias a sus esposas "prácticas".

Si conoces los sueños de tu esposo, avanzarás mucho en cuanto a conocerlo a él. Si se siente con libertad de expresar sus sueños, te ayudará a tomar conciencia de él y de sus cualidades admirables. A veces sólo quiere ventilar sus ideas con alguien. ¿Se siente libre de hacerlo contigo o lo hace con un socio o con otra mujer?

¿Alguna vez has considerado cómo se sentiría Sara cuando Abraham decidió cambiar su mansión por una carpa y salir a buscar un terreno en un lugar que no conocía?

¿Cómo supones que se sintió la esposa de Noé cuando éste le contó que soñaba hacer un gran barco en medio del desierto? ¡Nunca había llovido antes, y su esposo quería construir un arca para el diluvio que venía!

¿Y qué me dices de la esposa de Job? ¡Qué estímulo para él! Job estaba totalmente derrotado, enfermo, tratando de encontrar fe en Dios y un sentido en su sufrimiento. Entra su señora, y le dice: "Maldice a Dios, y muérete".

¿Quién necesita que lo estimulen así?

Un agregado de parte de Jody: No digas "siempre" ni "nunca". "Pero querido, *nunca* haces eso cuando te lo pido", o "Querido, *siempre* haces eso de la misma forma todos los años". Estas dos palabras son como sacudir una bandera roja frente a un toro. Detienen la mayor parte de las conversaciones y comienzan más peleas que cualquier otra palabra del diccionario.

Seamos específicas. Tengo una amiga íntima que es para mí como una segunda madre. Había estado pensando mucho en cómo admirar a su esposo de cuarenta años y decidió que el Día de Acción de Gracias sería el momento perfecto. Se le acercó esa mañana y le dijo que ese Día de Acción de Gracias estaba agradecida por él, por la protección que le había dado en todos sus años de matrimonio, por su provisión abundante, y por la seguridad y satisfacción que le había dado. Le dijo que probablemente era la mujer que se sentía más segura y protegida del mundo. Comentó que su esposo se había paseado como un pavo real el resto del día. Siempre había admirado a su esposo por otras cosas sin haber realmente acertado: ternura, comprensión, cariño.

Ahora bien, ternura, comprensión, cariño, son cualidades buenas e importantes, pero un hombre *también* necesita saber que ves un hombre en él. Que provee el sostén, te protege y te cuida. Como dijo una mujer: "¡Admira su virilidad!"

Ten en mente estas características adicionales mientras procuras admirar a tu esposo: capacidad de liderazgo, capacidad mental, fuerza superior, capacidad sexual, constancia, valor, mente lógica, habilidad financiera, habilidad atlética.

Tu superestrella. Toma una hoja de papel y anota todas las cualidades que puedas admirar acerca de tu esposo. Anota cualidades físicas, emocionales, intelectuales y espirituales. Ahora que sabes cuáles son los rasgos admirables de tu esposo, ¿por qué reservártelos? Es bueno admirar en secreto a tu esposo, pero es mucho mejor hacerlo en forma activa. Respetar implica poner en práctica la aceptación total del cónyuge. ¡De modo que comencemos a practicar! No hay excusas. Todas ustedes ya han hecho sus listas y tienen una cantidad de cualidades admirables entre las cuales elegir. Ahora es simplemente cuestión de abrir la boca y decir lo que sabes que es verdad. ¡Puedes sentirte incómoda al principio, pero hazlo de todos modos!

Consejo de otro hombre. Le pedí a un buen amigo, quien tiene una mujer creativa por esposa, que nombrara ejemplos de las formas en que su esposa le expresaba verbalmente su admiración y que me dijera qué sensación le producían. Escribió lo siguiente:

Juana no me dice simplemente que tengo un lindo cuerpo. Ella dice: "Estoy enamorada de tu maravilloso cuerpo. Me gusta acariciarte la espalda".

Una vez mientras corríamos juntos dijo: "Te observaba correr delante mío. Lo haces con tanta gracia y sin esfuerzo. . . Con razón no puedo seguirte". (¡Al día siguiente bajé un minuto y medio mi mejor marca!)

Tarde una noche, después de un día duro, me dijo: "Gracias por trabajar tan fuerte y darnos esta casa y todas las cosas materiales que tenemos. A veces siento que no te apreciamos como te mereces". ¡Estaba ansioso por volver a la oficina al día siguiente!

No hace mucho revisamos nuestros seguros, testamentos y situación financiera. Juana dijo: "Casi no puedo creer lo bien que me cuidas. Manejas las situaciones actuales, que son muchas; pero incluso tienes nuestro futuro previsto".

Es difícil expresar cómo me hace sentir su admiración, y ponerlo por escrito, pero me hace desear ser más hombre. Me desafía a crecer (el Señor sabe cuánto lo necesito) para ser más fuerte en mi vida espiritual. Quizás sea ella, que está siempre buscando perfeccionar nuestra relación, quién me desafía. Me comunica, por su admiración, que está verdaderamente interesada en mí como persona, y en lo que hago. Me hace sentir como un rey.

¿Qué le comunicas *tú* a tu esposo? Una mujer inteligente dijo esto: "Yo le decía a *Dios* sus defectos y a *él* sus cualidades".

CAPITULO VII
La vicepresidenta ejecutiva

Un hombre entró en una biblioteca y pidió a la bibliotecaria un ejemplar del libro: "El hombre, amo de la mujer". Sin mirarlo, ella señaló y le dijo: "Las novelas están en aquel estante, señor".

Desde 1961, con la publicación de *"La mística femenina"*, ha habido un reexamen de los numerosos pasajes bíblicos relacionados a la mujer, su femineidad y su papel en el hogar. La palabra *"sumisión"* ha sido objeto de desdén. ¿Cuál es el papel de la mujer? Y lo que es más importante, ¿qué dice la Biblia al respecto?

Hay esencialmente tres esquemas de felicidad matrimonial considerados en nuestro mundo contemporáneo.

TRES ESQUEMAS MATRIMONIALES

PLAN A: EL PRESIDENTE

El Plan A establece que las decisiones en la familia deben ser hechas por el más capaz. Plan A desemboca en la competencia entre el esposo y la esposa, y he aquí cómo funciona.[1]

El esposo. El esposo comienza razonando en forma confusa. Ha escuchado que se supone que debe ser la cabeza del hogar. Sin embargo, después de observar el comportamiento de su esposa, advierte que no está recibiendo ningún voto a favor. De allí que empieza a razonar que no es el más capaz para hacer decisiones (y en muchas áreas puede que no lo sea). No puede actuar con confianza porque no está seguro de ser respaldado por su esposa. En consecuencia, se *retrae* del liderazgo. Puesto que todo proceso de tomar decisiones termina en una pelea, y como ve que su esposa es realmente más capaz en algunas áreas, le entrega las riendas a ella. Gradualmente, sin embargo, comienza a *resentirse* con su mujer. Se queja interiormente por el hecho de que ella no respeta su deseo natural de ser el jefe de la familia. Finalmente todo esto desemboca en una *reacción* abierta. Cada vez que ella comete un error, él se lo hace notar. Ahora él quiere probar que ella está equivocada y se establece la competencia. El resultado final de este tipo de matrimonio es que con frecuencia él *escapa* a alguna otra parte en busca de libertad de expresión y realización. Quiere alguien que lo respete. Puede encontrarlo en el deporte, en otros hombres, en la caza, en los hijos, en su trabajo, o por supuesto, en otra mujer. Esto ocurre a menudo no por un deseo de variación sexual, sino por la necesidad emocional de ser admirado y respetado.

La esposa. Generalmente comienza *razonando con orgullo.* Se pregunta: "¿Quién es el más capaz?" Y se contesta: "Yo". Ve que su esposo es muy falible y comete errores, y quiere hacerse cargo ella. En consecuencia, *rechaza* su liderazgo. Ya no lo estimula a ser el jefe de la casa. Luego, paradójicamente, cuando su esposo ya no parece interesado en los problemas de la familia, empieza a *resentirse* con él porque no asume el liderazgo. Cuando ella se equivoca, lo culpa a él, y desemboca en una fuerte *reacción* en contra de su falta de liderazgo. Con frecuencia ella también *escapa* a otra cosa. Se entierra en la atención de los chicos, en estudios bíblicos femeninos, en compromisos fuera del hogar, o en otro hombre. Palabra clave: *competencia.*

PLAN B: EL AMA DE CASA

El Plan B dice que el esposo es la cabeza o líder, pero la esposa no llega a ser una compañera. No está dedicada a ser una *esposa virtuosa.* Es la mujer que piensa que el matrimonio comienza cuando te desplomas en sus brazos y termina desplomándote en la pileta de la cocina. Cuando los encuestadores llegan a la puerta con la pregunta: —¿Cuál es su ocupación, señora de Pérez?

—Ay, soy sólo un ama de casa —contesta tristemente.

Como dijo con acierto una mujer: "¡Yo me casé con un hombre, no con una casa!"

Una mujer atrapada en el síndrome del ama de casa generalmente tiene algunas o todas las características que siguen: muy dependiente, poco control emocional, muy subjetiva, dificultad para tomar decisiones, muy pasiva. No tiene interés en crecer como persona y siente que su compromiso en la vida es someterse a un hombre, criarle los hijos y mantenerle limpia la casa. Se torna una persona aburrida y vive en una rutina monótona. A menudo la televisión resulta ser su compañía constante para matar el aburrimiento. Puesto que no se siente realizada, comienza a quejarse y se adapta a la descripción de Salomón de que la mujer rencillosa es como "gotera continua". De ella dijo Salomón que es mejor vivir en el rincón de un terrado que en una casa hermosa con una mujer contenciosa (Proverbios 21:9).

La palabra que la describe es *"queja"* y como ella se queja, su esposo generalmente también se queja. . . de ella. Y las parejas del esquema B quedan atrapadas en un círculo vicioso que produce amargura y dolor de corazón. Palabra clave: *queja.*

PLAN C: LA ESPOSA VIRTUOSA

El esquema de Dios para la felicidad matrimonial implica una *cabeza espiritual* y una *esposa virtuosa.* En vez de competir uno con otro como en el esquema A o quejarse uno del otro como en el plan B, el hombre de Dios y la mujer de Dios se *complementan* el uno al otro.

Una *esposa virtuosa* es una ayuda, un complemento para su esposo. No sólo permite a su esposo ser el líder sino que lo estimula a asumir el liderazgo respetándolo y sometiéndose a él. Ha elegido ser sumisa porque Dios lo ha dispuesto y porque está convencida de que sólo la *complementación* produce un matrimonio pleno y vital.

Ella es sumisa, pero se esfuerza por ser capaz, inteligente, organizada, eficiente, cálida, tierna, agradable, todo lo que vimos en la preciosa descripción de Proverbios 31. No es el presidente como en el esquema A ni el ama de casa como en el Plan B, sino la vicepresidenta ejecutiva. Palabra clave: *complementar.*

EL SIGNIFICADO DE LA AYUDA IDONEA

¿ESCLAVA O COMPAÑERA?

No se trata de una diferencia de status de inferioridad sino de una diferencia funcional. La mujer se somete al esposo de la misma forma en que Cristo se somete al Padre. ¡Y sin embargo Cristo y su Padre son iguales y son uno! No puede haber dos líderes. El propósito es que haya un trabajo de equipo funcional que permita a dos personas complementarse una a la otra en lugar de competir una con la otra en la vida.

Las mujeres dicen a veces: "¡No hablen tanto de sumisión!" Espero demostrarles que "sumisión" no es una mala palabra, sino que es la vía para llegar a ser todo lo que Dios quiere que seamos. Es también la *única* esperanza para tu esposo de llegar a ser lo que Dios ha dispuesto que sea; ¡y todo lo que tú deseas que sea!

Cristo se somete a Dios. Es igual a Dios, es Dios, pero se somete al Padre. Jesús, Creador del cielo y de la tierra, se sometió a Dios y ocupó el lugar que le correspondía en la cadena de autoridad. No es una vergüenza o deshonor para la mujer estar bajo autoridad si el Señor lo estuvo. Cada miembro de la pareja tiene una responsabilidad única y bendita, un propósito en la vida sin el cual no puede vivir feliz y que el otro no puede cumplir cabalmente.

Henry Brandt lo expresó de esta forma en una charla que dio recientemente: "El esposo y la esposa son como el presidente y el vicepresidente (digamos vicepresidente ejecutivo) de un banco. Ambos tienen grandes responsabilidades, deciden la política, y se ajustan y están limitados por esa política. En algunas ocasiones, cuando no pueden concordar, el presidente debe hacer la decisión final. El esposo es cabeza de la mujer pero la relación debería implicar lealtad, buena voluntad, confianza y profunda comprensión".

Una tarde mientras estábamos sentados alrededor de la mesa, Joy, Robin y Tommy se enfrascaron en una "seria discusión" respecto a quien era el "jefe" de la familia. Hablaron y hablaron y finalmente Robin, el de cinco años, dijo: "Yo sé: ¡Papá es el gran jefe y mamá es la pequeña jefa!" Los otros dos asintieron con la cabeza. ¡Una buena definición para un chico de cinco años!

LA ACTITUD SE MANIFIESTA

La sumisión no es sólo una forma de actuar sino una actitud. Muchas esposas sienten que cuando exhiben sumisión en uno o dos actos ya han hecho su parte.

Un autor afirma que la sumisión no es un asunto de formas meramente sino una actitud interior. Una esposa puede ser una persona de fuertes convicciones y sin embargo ser sumisa a la autoridad de su esposo si en lo profundo lo respeta y está conforme y dispuesta a que él sea quien tome las decisiones finales. En el otro extremo, una esposa que apenas abre la boca y no expresa ideas propias ni cuestiona las decisiones de su esposo, puede, por dentro, incubar una rebelión profunda y arraigada.

EL IDEAL DIVINO

El ideal divino para el matrimonio pleno está resumido en Efesios 5:21-28. Es una hermosa descripción que incluye a un esposo y una esposa que se complementan el uno al otro a través de papeles asignados en la relación.

SUMISION MUTUA

"Someteos unos a otros en el temor de Dios. Las casadas estén sujetas a sus propios maridos, como al Señor; porque el marido es cabeza de la mujer, así como Cristo es cabeza de la iglesia, la cual es su cuerpo, y él es su Salvador. Así que, como la iglesia está sujeta a Cristo, así también las casadas lo estén a sus maridos en todo" (Efesios 5:21-24).

Observa que el pasaje comienza con las palabras: "Someteos unos a otros en el temor de Dios". Este versículo dice que *todos* deben someterse, no sólo las esposas. (¡Buenas noticias!) ¿Qué significa?

El profesor Howard Hendricks contesta de esta forma: "Como miembros del cuerpo de Cristo, todos nos necesitamos unos a otros. Estamos entregados unos a los otros porque somos la familia de Dios. Por el control del Espíritu Santo, debemos someternos unos a otros para rendirnos voluntariamente a las necesidades, decisiones e ideas de aquellos con los que estamos en contacto diariamente. Lo *natural* es exigir el cumplimiento de nuestros derechos y no someternos a nadie; es *sobrenatural* ser generoso y someterse unos a otros".[3]

Una esposa debe someterse a su esposo en todo. Le pregunté a mi esposo qué significaba para él la sumisión total, y dijo que podía resumirlo en tres palabras: "No ofrecer resistencia". (¡Ay!) Continuó explicando que la sumisión también implica la responsabilidad de la esposa de decirle al marido *exactamente* lo que piensa en cada aspecto de su vida común para que no haya ningún malentendido. Con una actitud de amor, debe compartir su punto de vista con su esposo. Su enfoque en líneas generales debiera ser algo así: "Querido, éste es mi punto de vista, y quiero que lo consideres. La decisión final, sin embargo, te corresponde a ti, y yo estaré contenta (ésa es la palabra terrible) de seguirte cualquiera sea tu decisión". Algunas mujeres aparentan aceptar las decisiones de su esposo, pero ponen cara larga y muestran un silencio cargado de fastidio. Mi esposo dice que eso es peor que la opinión abierta.

Nuestro matrimonio es una sociedad, pero Jody es el socio gerente. Normalmente coincidimos en decisiones, ideas, metas, pero nunca hay dos socios que coincidan en todo. Cuando no estoy de acuerdo con él, le presento afectuosamente mis razones, y le dejo la decisión final. Esto es actuar "sin resistencia". Dios sabe lo que hace. Si resulta que yo tenía razón y Jody estaba equivocado, Dios se lo hará saber.

En nuestro hogar, Jody es el que disciplina. Casi siempre estoy de acuerdo con la forma en que maneja a los chicos. Lo discutimos, leemos libros juntos, y compartimos todas nuestras ideas. En lo profundo, sin embargo, yo soy muy blanda, y los chicos lo saben. "A mamá la podemos convencer". A veces no he estado de acuerdo en la forma en que debía disciplinarse a los chicos. En algunas oportunidades ha sido muy difícil seguir *gozosamente* las decisiones de Jody, sin discutir delante de los chicos. Más adelante, cuando comencé a ver los beneficios de una disciplina fuerte, me sentí contenta de que Jody hubiera decidido obrar como lo hizo.

Recientemente Jody y yo teníamos que hacer una decisión financiera que se relacionaba con la organización de nuestro matrimonio. Discutimos nuestras ideas y encontramos que teníamos puntos de vista totalmente opuestos. ¡Cuánto más hablábamos, menos nos poníamos de acuerdo!

Entonces, Jody decidió consultar a cinco laicos cristianos maduros, y los cinco coincidieron con él. ¡Seis hombres en mi contra! De modo que después de mucha reflexión y oración, Jody decidió en favor de la mayoría.

Nunca tuve tanta lucha para seguir *gozosa*, como aquella vez. Con mi voluntad aceptaba la decisión pero mis emociones gritaban: "¡Tengo razón!" Oré mucho acerca de mi actitud, y sentí que estaba cambiando; es decir, hasta el momento en que tuve un sueño.

Una semana después de que Jody había tomado esa decisión financiera, soñé que se lo juzgaba y que todos los jueces encontraban que él estaba equivocado y yo estaba acertada. ¡Yo había ganado! Desperté con dolor de estómago y dije: "Oh, Dios, he tratado de entregarte este asunto de todas las formas que conozco, y ahora sueño esto. Te lo vuelvo a entregar, Señor; *quiero* tener la actitud correcta". Mi actitud continuó cambiando gradualmente mientras continuaba reclamando las promesas de Dios.

Ha habido muchas situaciones en nuestro matrimonio en las que Jody ha cambiado sus puntos de vista después que yo he expuesto mis ideas, pero el asunto no es quién gana sino cómo reaccionamos.

El pasaje sobre la sumisión suena como si los maridos se hubieran puesto de acuerdo para escribirlo, ¿verdad? ¡No lo hicieron ellos, sino Dios! Por favor nota que Dios no dice que tu esposo haya ganado el derecho de ser la cabeza o mereciera serlo. Dice que El, Dios, decidió que éste era el mejor esquema y por lo tanto te pide que respetes el plan. Dios podía escoger entre muchos modelos y eligió éste. ¡Y lo creas o no, es para tu beneficio!

Hasta aquí esto parece una calle de una sola mano; la esposa debe someterse. Pero espera. Tu esposo tiene una responsabilidad aún mayor: amar a su esposa *como Cristo amó a la iglesia.*

EL AMOR TOTAL DEL ESPOSO

En el enfoque bíblico del matrimonio la sumisión de la esposa siempre está ubicada en el contexto del amor total del esposo.

"Maridos, amad a vuestras mujeres, así como Cristo amó a la iglesia, y se entregó a sí mismo por ella, para santificarla, habiéndola purificado en el lavamiento del agua por la palabra, a fin de presentársela a sí mismo, una iglesia gloriosa, que no tuviese mancha ni arruga ni cosa semejante, sino que fuese santa y sin mancha. Así también los maridos deben amar a sus mujeres como a sus propios cuerpos. El que ama a su mujer, a sí mismo se ama. Porque nadie aborreció jamás a su propia carne, sino que la sustenta y la cuida, como también Cristo a la iglesia" (Efesios 5:25-29).

El esposo debe amar a su esposa como Cristo amó a la iglesia. (Bien dicho, Pablo; ¡predícalo!) Un amor de esa índole no puede medirse. Estoy lista para recibirlo; ¿y tú? Puedo escuchar a muchas de ustedes diciendo: "Este mandamiento no sería tan malo *si* mi esposo me amara como Cristo amó a la iglesia y si me amara como a su propio cuerpo. Quizás entonces la sumisión sería algo natural". Personalmente creo que sería más natural. Ninguna mujer tendría inconveniente en someterse si se la amara de esa forma. ¡Yo tengo la bendición de tener un esposo cristiano que busca obedecer la voluntad de Dios y amarme profundamente! Tienes razón de pensar que me resulta más fácil que a muchas otras mujeres. Pero al mismo tiempo, Dios me exige a mí más en cuanto a mi actitud hacia Jody. Al que mucho tiene, dice la Biblia, se le pedirá mucho.

El pasaje no dice: "Sé sumisa a tu marido si es un hombre maravilloso y bueno", o "Sé sumisa los días lunes, cuando crees que tu esposo lo merece". El versículo simplemente dice: "Sé sumisa a tu esposo en todo. ¡Siempre!" Espera, ¡no cierres el libro todavía! Obviamente ése es el ideal. ¿Qué diremos de la realidad, de la vida de cada día? Muchas de nosotras no vivimos con esposos que estén tratando de amarnos como debieran. El apóstol Pedro nos saca de la teoría hacia la cruda realidad.

CRISTO: NUESTRO EJEMPLO

Uno de los pasajes más profundos de la Biblia respecto al asunto de una actitud sumisa, se encuentra en 1 Pedro 2:18-3:7. ¡Cuánto más lo estudio, más me sobrecoge! Pedro, dirigiéndose a hombres y mujeres que están padeciendo persecución por lo que han creído, les exhorta respecto a las actitudes santas que deben tener en medio de esta situación. Su consejo es impactante y opuesto a lo que podríamos "sentir intuitivamente". Primero, habla de la sumisión del siervo. En la actualidad, podría ser un empleado respecto a un patrón desconsiderado.

"Criados, estad sujetos con todo respeto a vuestros amos; no solamente a los buenos y afables, sino también a los difíciles de soportar" (1 Pedro 2:18).

El asunto en la sumisión *no* es la calidad del que da las órdenes o la sensatez de su vida. Debemos responder por su posición y no por su personalidad. Obedecer siempre a un líder o empleador que te gusta y con el que estás de acuerdo, es muy fácil y contribuye muy poco al desarrollo del carácter. Encuentro fácil someterme a Jody cuando él me da la razón; ¡es difícil cuando no está de acuerdo conmigo!

"Porque esto merece aprobación, si alguno a causa de la conciencia delante de Dios, sufre molestias padeciendo injustamente" (1 Pedro 2:19).

La motivación fundamental hacia la sumisión es la *conciencia hacia Dios* y no la calidad del empleador (o del esposo).

"Pues, ¿qué gloria es, si pecando sois abofeteados, y lo soportáis? Mas si haciendo lo bueno sufrís, y lo soportáis, esto ciertamente es aprobado delante de Dios" (1 Pedro 2:20).

Ahora Pedro dice que la sumisión es simplemente parte de nuestra condición de cristianos. Los hombres deben someterse a sus empleadores (1 Pedro 2:18), los hijos a sus padres (Efesios 6:1-4); todos a los gobernantes (1 Pedro 2:13) y las esposas a sus esposos (1 Pedro 3:1). Cristo, dice, es el supremo ejemplo de esta verdad, y debemos seguir sus pisadas.

"Pues para esto fuisteis llamados; porque también Cristo padeció por nosotros, dejándonos ejemplo, para que sigáis sus pisadas" (1 Pedro 2:21).

Pedro luego ennumera los pasos específicos en la sumisión de Cristo.[4]

Paso 1. **Cristo no tenía pecado.**
   "El cual no hizo pecado, ni se halló engaño en su boca" (1 Pedro 2:22).

En Cristo, la santidad era natural; en nosotros obviamente resulta de la confesión, y no por naturaleza. Pedro dice que en primer lugar debemos analizar las actitudes del corazón en busca de amargura, resentimiento, miedo, ira, en lugar de enfocar los defectos de la personalidad del que nos da "órdenes".

Paso 2. **Cristo bendijo a los que lo maltrataron.**
"Quien cuando le maldecían, no respondía con maldición" (1 Pedro 2:23a).

El Señor rehusó vengarse con palabras agrias aun cuando le escupieron y azotaron. Aun después que lo clavaron en la cruz, sólo dijo: "Y Jesús decía: Padre, perdónalos, porque no saben lo que hacen" (Lucas 23:34a).

¡Cristo, en perfecto amor y sumisión al Padre, sufrió por ti y por mí! Aquí vemos perfectamente la verdadera prueba de la sumisión. No es cómo actúan los otros hacia ti, sino cómo respondes tú. Estamos demasiado pendientes de cómo actúan otros hacia nosotros (nuestro esposo, por ejemplo). Dios no nos considera responsables por la conducta de nuestro esposo, sino sólo por la nuestra.

Tu esposo puede estar equivocado en cierta situación, y Dios obrará en él a su debido tiempo. Dios quiere que respondas según su voluntad. ¿Cuál es? Esto nos lleva al paso 3.

Paso 3. **Cristo dejó el asunto en las manos del Padre.**
"Sino encomendaba la causa al que juzga justamente" (1 Pedro 2:23b).

Jesucristo se encomendó a Dios, quien juzga rectamente. Estaba deseoso de dejar su caso en las manos del Padre. Estoy consciente de que muchas veces las mujeres viven situaciones familiares intolerables. Dios lo entiende. El ve todo lo que ocurre y toma nota de nuestras reacciones. Nunca estamos solos en el proceso de someternos a otros.

¿Por qué hizo Cristo esto? Si alguien alguna vez tuvo el derecho de quejarse de que estaba siendo tratado injustamente, fue Jesucristo. ¡Nunca había pecado, y todos sus oponentes no pudieron encontrar un solo cargo para hacerle! ¿Cuál era su motivación?

Paso 4. **Cristo sufrió para que nosotros fuésemos sanados.**
"Quien llevó él mismo nuestros pecados en su cuerpo sobre el madero, para que nosotros, estando muertos a los pecados, vivamos a la justicia; y por cuya herida fuisteis sanados" (1 Pedro 2:24).

La razón fundamental de la sumisión de Cristo fue que nosotros pudiéramos morir al pecado y vivir una vida justa; que pudiésemos ser "sanados". Esta es la meta última en la sumisión de una esposa a su marido. Es la única forma de motivarlo a ser lo que Dios quiere que él sea.

Recientemente hablé con un hombre cuyo matrimonio había estado algo tambaleante por varios años. Su esposa había aceptado a Jesús como su Salvador personal, y lo presionaba continuamente para que tomara interés en las cosas espirituales y cambiara ciertas pautas de conducta. Cuanto más peleaba, más se oponía él. En lugar de motivarlo a cambiar, lo estaba empujando a quedarse tal como era. Finalmente ella siguió el ejemplo de Cristo y comenzó a mostrar un espíritu sumiso. Gradualmente él comenzó a cambiar y a tomar interés en las cosas espirituales. Recientemente él le dijo a mi esposo: "El punto decisivo del cambio en nuestra relación fue cuando María comenzó a seguir la Biblia. Lo más hermoso en mi vida ha sido la presión silenciosa de una esposa sumisa".

El Apostol Pedro, siempre práctico, toma ahora el ejemplo de Cristo y lo aplica a la relación marido-mujer.

EL METODO DE DIOS PARA PRODUCIR CAMBIO

"Asimismo vosotras, mujeres, estad sujetas a vuestros maridos; para que también los que no creen a la palabra, sean ganados sin palabra por la conducta de sus esposas" (1 Pedro 3:1).

La palabra "asimismo" se refiere al ejemplo de Cristo. La sumisión de Cristo al Padre incluía sufrir injustamente en manos de pecadores. De la misma forma, la sumisión de una esposa a su marido puede implicar sufrimiento injusto al obedecer a Cristo y someterse a su esposo. Pero el mismo espíritu sumiso que tuvo Cristo debe ser el que una esposa tenga hacia su esposo, y el del esposo hacia la esposa ("Vosotros, maridos, *igualmente. . .*". Más aún, es el tipo de sumisión que debe caracterizar a! empleado en relación a su empleador, y al ciudadano hacia su gobernante.

Advierte algo: esta sumisión debe darse *sin palabras*. ¡Nuestra tendencia natural al corregir a los que están por encima nuestro es hablar y hablar! Renegamos, lloramos, predicamos, nos quejamos, citamos versículos bíblicos y alejamos aún más a nuestro esposo.

Esto se debe a que lo obligamos a defenderse. ¡Nuestro esposo desobediente debe ser "ganado" por nuestra conducta, no por nuestras palabras, caminar y charlas! ¡Ay, es mucho más fácil hablar! Las palabras son baratas. ¡La calidad de una vida santa es inestimable! ¿Qué cualidades se necesitan para producir este cambio?

Pedro dice claramente: "Considerando vuestra conducta casta y respetuosa" (1 Pedro 3:2). Una mejor comprensión de estas dos palabras en griego ayudan a ubicarlas en el contexto del siglo XX. La palabra "casto" viene del griego *hagnos*, que significa, de acuerdo con el comentario de Vine: "sin falta, puro, inmaculado"[5]. En otras palabras, una vida irreprochable.

Si estás viviendo sin pecado en tus reacciones y si tu esposo observa en ti una calidad de vida que resulta atractiva, será atraído hacia ella. Jesús dijo que debemos ser la sal de la tierra. La sal produce sed en la gente, sed por la calidad de vida que Dios nos ha dado.

Más aún, tu esposo debe observar en ti una conducta *respetuosa*. Esta es la misma palabra usada en Efesios 5:33 donde Pablo ordena: "Y la mujer *respete* a su marido". Como señalamos en la sección titulada "Admiración", esto significa respetar y admirar. ¡En consecuencia, los dos ingredientes básicos para producir un cambio en un esposo desobediente son la sumisión a su *autoridad* y la *admiración* sincera! Cuando un hombre recibe esta clase de trato, junto con una *aceptación* total (las tres "A"), ¡atención! ¡El cambio está en marcha! Aplicando las tres A invariablemente se motiva al esposo a alcanzar su meta. ¡Esto es excelente! ¡Todavía no conozco a una mujer que haya puesto en práctica las tres A cuyo esposo no haya eventualmente empezado a procurar ser lo que debiera ser!

"Vuestro atavío no sea el externo de peinados ostentosos, de adornos de oro o de vestidos lujosos, sino el interno, el del corazón, en el incorruptible ornato de un espíritu afable y apacible, que es de grande estima delante de Dios" (1 Pedro 3:3,4).

Las mujeres a lo largo de los siglos han prestado atención al aspecto externo, y Pedro exhorta a las mujeres a dar más atención a las cualidades interiores de la vida. Recordemos que lo externo *es* importante, pero sin descuidar lo interno. Debemos *ser* físicamente atractivas para nuestros esposos, pero debemos también, y en mayor medida, concentrarnos en tener un espíritu *afable* y *apacible* si queremos lograr un cambio en un esposo desobediente.

La palabra *afable* viene del griego *prautes*. Es una palabra fuerte para indicar fortaleza interior. Cristo se refirió a su propia disposición con esta palabra (Mateo 11:29). Se refiere a una actitud hacia Dios por la que aceptamos su obra en nosotros como buena, y en consecuencia no discutimos ni resistimos. Es la clase de actitud interior que considera las pruebas como un aula de oportunidades más que como una cárcel de circunstancias[6]. Una mujer que es "prautes" es una esposa que ve las heridas y pruebas producidas en ella por un esposo incrédulo como herramientas en las manos de un amante Padre celestial para modelar en ella una imagen más semejante a sí mismo. Implica una ausencia total de egocentrismo a cambio de un control interior firme que sólo se logra plenamente al caminar con Cristo. ¡Un hombre favorecido por una mujer que tiene "prautes" es un hombre que queda bajo una increíble presión divina para cambiar su estilo de vida!

Pedro también exhorta a la mujer que vive con un esposo desobediente a desarrollar un espíritu *apacible* (del griego, *hesuchios*). Según el comentario de Vine, esto alude a "tranquilidad interior, no causando perturbación a otros".[7] Pedro *no* dice que una esposa sumisa nunca debe expresarse. Por el contrario, debe decirle a su esposo *exactamente* cómo se siente y lo que piensa en relación a todas las decisiones, pero debe hacerlo con la fortaleza interior de un espíritu apacible.

Una mujer que vive constantemente reaccionando a cada herida o acto injusto que su esposo le ocasiona, es una mujer que logra que su esposo, ya porfiado, reaccione aún más en contra de ella. Ella les grita a los chicos, se queja de él, y lo afirma más en su incredulidad. La tranquilidad interior *sólo* proviene de aprender a entregar la situación completamente en las manos del Señor, como Jesús lo hizo con su Padre divino. Es lo opuesto al temor. Una mujer que confía de esta forma en el Señor experimenta una calma interior y una ausencia de temor, y ¿no es eso lo que todas queremos? Pedro señala este asunto en los próximos versículos.

¡NO TEMAS!

"Porque así también se ataviaban en otro tiempo aquellas santas mujeres que esperaban en Dios, estando sujetas a sus maridos" (1 Pedro 3:5).

Advierte la conexión entre "esperar en Dios" y la sumisión al esposo.

"Como Sara obedecía a Abraham, llamándole señor; de la cual vosotras habéis venido a ser hijas, si hacéis el bien, sin temer ninguna amenaza" (1 Pedro 3:6).

¿Cómo obedeció Sara a Abraham? *Creyó en Dios* y llamó a Abraham señor. En otras palabras, su fe no estaba en Abraham sino en Dios. Se entregó en las manos de Dios y luego obedeció a su esposo. Eso es seguir los pasos de Cristo (2:23).

Sara obedeció a Abraham y lo llamó señor. Me dirás que un santo del Antiguo Testamento como Abraham debe haber sido el esposo perfecto, ¿verdad? ¡No, señor! Una vez, estando de viaje en Egipto, Abraham temió por su vida porque supo que el Faraón había puesto los ojos en Sara. De modo que para salvar su pellejo, le dijo a Faraón que Sara era su hermana, no su esposa. ¡El Faraón entonces se llevó a Sara a su harén! ¿Acaso gritó Sara: "¡Me van a violar!"? ¿Lloró, se arrancó el pelo o se encolerizó? No. Confiando en Dios, se sometió al patético plan de Abraham, e ingresó al harén del Faraón. La mayoría de nosotras no hubiera resistido algo así, pero Sara sabía que Dios lo arreglaría de alguna manera. De modo que esperó. En un sueño, Dios le dijo a Faraón que Sara era la esposa de Abraham y le advirtió de su ira inminente. El Faraón tenía tanto miedo del Dios de Abraham, que llevó a Sara hasta Abraham y les pidió que abandonaran el país de inmediato. Sara le dio tiempo a Dios para obrar en la situación, ¡y El lo hizo! Ella puso su esperanza en Dios y por lo tanto no dio lugar al temor.

Si el Faraón hubiera ido a Sara con la intención de tener relación sexual, ella se hubiera visto forzada a decirle la verdad, pero Dios no permitió que tal cosa llegara a ocurrir. El intervino y solucionó el problema por sí mismo. La mayoría de nosotras somos tan rápidas para abrir la boca que nunca le damos a Dios la oportunidad de obrar.

Pedro dice que somos hijas de Sara si hacemos lo correcto y no damos lugar al temor (3:5,6). Pero *tenemos* miedo. Hay cuatro razones básicas por las que las mujeres temen someterse a la autoridad de sus esposos.

1. *Tenemos miedo de lo que puedan hacer o pedirnos que hagamos.* Lo primero que muchas mujeres dicen cuando oyen acerca de

la sumisión es: "Pero me va a pedir que intercambiemos parejas". Es verdad que hay maridos que piden a sus mujeres que hagan cosas horribles, y espero poder contestar algunas de sus preguntas en el próximo capítulo sobre los límites de la sumisión. Para la mayoría de nosotras, sin embargo, asuntos como éstos son sólo cabras expiatorias. ¡De lo que realmente tenemos miedo es de que pueda pedirnos que hagamos diversas cosas que simplemente no queremos hacer!

2. *Tenemos miedo de que él falle.* Es posible, por supuesto, que Dios quiera que tu esposo falle ocasionalmente, puesto que crecemos mayormente a través de pruebas y fracasos. Una de las cosas que más me costó aprender fue salirme del camino y dejar que mi esposo fracasara. Me esfuerzo y digo: "Dios, él es tuyo. Yo lo amo y no quiero que se lastime nunca, pero Señor, no me dejes obstaculizar tu camino. Si esta prueba es para su beneficio, permíteme amarlo y estimularlo y respaldarlo, pero no me dejes perturbarte". ¡Tengo que pelear contra mi tendencia de ser la "mamá" y meterme y hacerme cargo cuando el camino se torna áspero!

3. *Tenemos miedo de su irresponsabilidad.* Simplemente abandonar todo a tu esposo cuando su legajo demuestra no haber asumido nunca la responsabilidad en lo que le confiaste, naturalmente produce mucho miedo. ¿Qué pasará contigo? ¿Y con los chicos? Puede haber situaciones en las que debas ir pasándole las cosas gradualmente. Descargarle todo encima de una vez puede abrumarlo. Pero con frecuencia, la razón por la que un hombre no asume la responsabilidad es porque no está recibiendo una suficiente provisión amorosa de las tres "A".

Una vez más queda claro que la responsabilidad es suya y tú no vas a pelearle más sobre cada asunto particular; la mayor parte de las veces comenzará a sentir el peso de la responsabilidad, y a asumirla. ¡Luego, en la medida que la asume y encuentra que lo admiras por cada paso que da y lo aceptas incondicionalmente cuando comete un error, estará motivado para desarrollar su potencial!

En el caso de que su irresponsabilidad continúe al punto de arruinar el matrimonio, podría ser ésta la forma en que Dios lo retire de tu vida. Aun entonces una mujer puede desobedecer con un espíritu sumiso y seguir comunicándole aceptación. Sin embargo, nuestra atención siempre tiende a estar sobre el *"qué pasa si. . .".* Como dije antes, nunca he visto a una mujer que haya practicado fielmente las tres A, que haya tenido que enfrentar una situación así. Mantengamos el enfoque en la confianza en Dios y el amor a nuestros esposos en vez de preguntar: *¿Por cuánto tiempo?* o *¿Cuál es mi salida?*

4. *Tenemos miedo de la voluntad de Dios.* Muchas mujeres estarán de acuerdo con todo lo que se ha dicho hasta aquí, pero cuando se trata de aplicarlo a la vida real, aparece otro temor. Es el temor de que Dios permita que la situación continúe demasiado tiempo o que permita un dolor demasiado grande. En efecto, esto es tener miedo de la voluntad de Dios y falta de confianza en El. Es casi como si concibiéramos que Dios no se preocupa por nosotros, como si realmente no nos amara. Después de todo, ¡nunca me pondría en la situación de hacer tales elecciones si realmente me amara!

Dios ha demostrado claramente su amor al mandar a su Unico Hijo a morir por nosotros, de modo que no cabe ninguna duda de su amor. Si el sufrimiento fuera a continuar por mucho tiempo y si tuviera que ser intenso, nadie sufrirá tanto como nuestro Padre celestial. Sin embargo, si lo permite, es únicamente para nuestro bien (Romanos 8:28). Desde el punto de vista de Dios, las pruebas por las que atravesamos no son tan importantes como las reacciones que tenemos ante ellas.

Sharon era una mujer inteligente y hermosa que se acababa de convertir cuando su esposo la dejó y se fue a otro estado a disfrutar de "vino, mujeres y música". Muchos la consideraron una tonta durante los años que ella siguió amándolo y esperándolo y luchando por ser sumisa a pesar de sus circunstancias. Compartió conmigo esta hermosa cita de Alan Redpath, que ella había memorizado y reclamado durante aquel tiempo de dificultad.

No hay nada: ninguna circunstancia, ningún problema, ninguna *prueba*, que pueda alcanzarme sin haber pasado antes a través de Dios y a través de Cristo y recién a mí. Si ha llegado tan lejos ha sido con un *gran propósito*, que quizás no entienda en el momento. Pero si *rehuso* a caer en el pánico, y elevo la mirada hacia El y la recibo como viniendo del trono de Dios para un *gran propósito* de *bendición* en mi propio corazón, ningún dolor puede perturbarme, ninguna prueba puede destrozarme, *ninguna* circunstancia puede aterrarme, ¡porque descanso en el gozo de mi Señor! ¡Ese es el descanso de la victoria![8]

Muchos de los que la habían contemplado horrorizados y la habían llamado "tonta", tuvieron que callarse cuando su esposo volvió y se entregó totalmente a ella y los chicos.

Estos "cuatro temores" constituyen las mayores barreras aisladas a la sumisión. Son reales y producen verdadero sufrimiento emocional en muchas mujeres sinceras. Sin embargo se los debe ubicar en el contexto de un Padre amante que es el Bendito supervisor de todas las cosas. ¡Dios está vivo hoy! No es una simple teoría abstracta sino una Persona viva que realmente invade nuestras vidas y cambia las situaciones, nos protege como hijos y nos da consuelo. La Biblia entera testifica en cuanto a esto. Empecemos a tomar nuestro cristianismo en serio. ¡Es una fe sobrenatural!

CAPITULO VIII
Barreras, beneficios y límites

Para algunos, diga lo que se diga, la sumisión es inaceptable. Cristo fue llamado un tonto cuando lo colgaron en la cruz y sufrió por sanarte a ti y a mí. Hoy, algunos se pararían y le dirían tonta a la mujer que sufriera por sanar a su esposo. En nuestra sociedad no abandonamos nuestros derechos, nos sujetamos a ellos y luchamos por ellos. Como dice el hermoso himno: "Cristo podría haber llamado a diez mil ángeles que destruyeran el mundo y lo pusieran en libertad". Una esposa *puede* llamar a diez mil abogados que la defiendan y la *dejen* en libertad. Cada uno de nosotros tiene la posiblidad de decidir.

Dios nunca dijo que la sumisión fuera fácil (y yo coincido), pero sí dijo que de todos los planes que podría haber escogido, el que eligió, de una *cabeza espiritual* y una *compañera*, ¡era el mejor para la salud física, emocional y espiritual de ambos miembros de la pareja!

Veamos algunas de las barreras a la actitud de sumisión, así como también algunos de los beneficios y límites de la sumisión.

BARRERAS A UN ESPIRITU SUMISO

BARRERA NO. 1 — EL ESPOSO DESOBEDIENTE A DIOS

¡Primero déjame decirte que son pocas las veces en que he conocido a una esposa obediente! Como ya se ha dicho, una esposa que aplique fielmente las tres A (*aceptación, admiración* y sumisión a la

111

autoridad), casi invariablemente verá que su esposo empieza a cambiar. El problema es que queremos resultados instantáneos, como quien oprime un botón y listo, después de aplicar unos cuantos principios durante una o dos semanas. Déjame enfatizar que estamos practicando estos principios a fin de seguir "las pisadas del Señor" y *no* a fin de producir un cambio en nuestro esposo. Hacemos estas cosas porque forman parte de nuestra vida cristiana y no para lograr un cambio en nuestro esposo.

Si nuestro objetivo es producir un cambio en nuestro esposo y después de un breve tiempo de poner en práctica las "tres A" no vemos el cambio, obviamente nuestra motivación para continuar va a desvanecerse. Como me dijo una mujer: "Ay, he probado todo eso y no hubo caso". En realidad sólo había probado por una semana más o menos y eso con escasa dedicación. Aún más, sus esfuerzos eran aparentes; por dentro su espíritu estaba lleno de resentimiento y amargura.

BARRERA NO. 2 — ESTA ES UNA DISCRIMINACION ARBITRARIA BASADA EN EL SEXO

¿Por qué tiene que ser la mujer la que se somete siempre? ¿Por qué no puede ser un sometimiento mutuo? Antes que nada, déjame decirte que el concepto bíblico del matrimonio implica sumisión mutua. La mujer debe expresar totalmente sus puntos de vista, mostrar desacuerdo cada vez que lo sienta, y deben llegar a decisiones en que ambos estén de acuerdo. Esto ocurre en un matrimonio verdaderamente cristiano porque la palabra *sumisión* se ubica en el contexto de un marido que ama a su mujer como Cristó amó a la iglesia. Una mujer amada por un hombre de tal forma que él pone los intereses, deseos y sueños de ella por encima de los propios y que muere a sí mismo para entregarse a ella, casi no tiene problemas para ser sumisa. Esa es la verdadera descripción bíblica del matrimonio.

Pero en segundo lugar, debemos admitir que este esquema *sí* es una descripción arbitraria basada en el sexo. Sin embargo, no es una arbitrariedad *injusta*. Todo lo que Dios hace es para el bien de sus hijos. El lo dispuso de esta forma, porque en su infinito amor y sabiduría sabe que es la mejor forma. ¿Qué otra disposición propondrías para la *cabeza* y la *ayuda*? ¿La jerarquía basada en la capacidad? Si ésa fuera la base, sólo habría discusiones sobre quien es el más capaz en cada aspecto, y el matrimonio terminaría en una perpetua competencia en lugar de una complementación. El esquema de Dios no tiene nada que ver con la capacidad básica o los méritos intrínsecos del esposo o de la esposa. Es simplemente un arreglo funcional, como una cadena de autoridad dentro de una empresa.

BARRERA NO. 3 — ELIMINA LA IDENTIDAD PERSONAL

Algunos han argumentado que esta concepción del matrimonio deshumaniza a la mujer y resulta en una total pérdida de la identidad personal. Es como perderse en "un hombre" y como consecuencia, la mujer se torna incapaz de descubrir quién es realmente ella. Sin embargo, en vista de que la sumisión bíblica está dada en el contexto de un esposo que ama a su esposa como Cristo amó a la iglesia, es difícil ver cómo podría ocurrir tal pérdida de identidad.

¡Mi esposo desea que yo sea la mujer más plena que exista! Haría cualquier cosa por ayudarme a encontrar mi identidad. Pero en el fondo, muchas mujeres en esta situación de identidad anulada, están así no porque se hayan sometido a sus esposos, sino porque no han hecho ningún intento por expandirse, desarrollar intereses extrahogareños, conocer gente y desarrollar la mente. En vez de ello se han quedado encerradas en la casa mirando telenovelas baratas y jugando (o gritando) con chicos pequeños.

Paradójicamente, Jesús dice que uno no encuentra la identidad personal reclamando derechos o rechazando la perspectiva bíblica del matrimonio. Por el contrario: ". . . todo el que quiera salvar su vida, la perderá; y todo el que pierda su vida por causa de mí y del evangelio, la salvará" (Marcos 8:35). Encontramos nuestra identidad, no enfocando "quienes somos", sino negándonos a nosotros mismos. ¡De la muerte surge la verdadera vida! Una mujer encuentra su identidad negándose a sí misma por su esposo, sus hijos y otras personas. Un hombre encuentra su identidad negándose a sí mismo y viviendo para su esposa e hijos. Es en la negación personal que se forjan las verdaderas cualidades interiores y se desarrolla una vida hermosa.

BARRERA NO. 4 — LOS CUATRO TEMORES

Los "cuatro temores" se consideraron en el capítulo anterior al analizar 1 Pedro 3:5,6. Son: (1) temor a lo que nuestro esposo nos pueda pedir que hagamos; (2) temor de que nuestro esposo fracase;

(3) temor de su irresponsabilidad; y (4) temor de la voluntad de Dios. Juntos, constituyen una formidable barrera.

BARRERA NO. 5 — EL ORGULLO

Esta barrera quizás sea la más común. ¡Siempre creemos que podemos hacer mejor las cosas! Nuestros puntos de vista son superiores. Cuando un marido y su esposa no están de acuerdo, a menudo se torna un factor de orgullo en la esposa el que ella siempre tenga razón. Por ejemplo, digamos que el esposo quiere disciplinar a los chicos de cierta forma. ¿Cuántas veces le has dicho: "¿Qué sabes tú de chicos? ¡Yo estoy en casa todo el día con los chicos y sé mejor que tú lo que necesitan!'"?

Un hombre vive esta situación diariamente con su empleador. Cuando él y el jefe no están de acuerdo sobre cómo deben hacerse las cosas, generalmente se torna en una cuestión de orgullo. Es mucho mejor, tanto para la esposa como para el empleado, expresar libre y totalmente sus puntos de vista y dejar la decisión al esposo o jefe, en lugar de entablar una continua disputa por ello. Si tu esposo toma una decisión errada y hubiera debido seguir tu consejo, eso queda ahora entre Dios y él, ¡y no necesita un "Te lo advertí" de parte de su *esposa virtuosa*!

LOS BENEFICIOS DE UN ESPIRITU SUMISO

El primer beneficio es que glorificas a Dios al obedecer su mandamiento. ¡Esto es emocionante y también deriva en beneficios prácticos allí mismo donde vivimos!

ALIVIO DE TENSIONES

Creo que la sumisión es una solución a la tensión, al cansancio y a la presión. Muchos dolores de cabeza, cansancio y tensiones de la mujer son el resultado de asumir responsabilidades que Dios nunca pretendió que ella tuviera.

María y Juan eran una pareja atrapada en el círculo de la competencia. Ella se sentía responsable de cada decisión, desde el negocio que ambos atendían hasta la ropa que él se ponía. Ella presionaba, tramaba y lograba hacer las cosas a su modo. ¡La decisión correcta era la *suya*!

La presión y la tensión que experimentaba se le notaban en el rostro de María. Odiaba la palabra *sumisión* y peleaba contra cualquier esquema que no la considerara como líder.

Después de asistir a un seminario sobre la esposa virtuosa, María experimentó un cambio radical. Conoció a Dios y la belleza de su plan y se consagró a ser sumisa a su esposo. De hecho, hizo su entrega en forma de contrato con Dios, y he aquí lo que prometió:

"Yo, hoy, miércoles 20 de noviembre, prometo no sugerir, decir, renegar o criticar a mi esposo respecto a cómo administra su negocio. Me morderé la lengua, me alejaré del local, o haré cualquier cosa que sea necesaria para no forzar mi opinión en él. Saber en mi interior que mis opiniones son acertadas será suficiente; ¡nadie más tiene porqué saber lo brillante e inteligente que realmente soy! ¡Estoy dispuesta a aceptar su fracaso administrativo para afianzar su papel de jefe! Leeré esto cada día antes de empezar a trabajar. Si fallo dos veces en cumplir este propósito, dejaré de trabajar sabiendo que es un impedimento para llegar a ser una *esposa virtuosa*".

María me dijo recientemente que "la vida se tornó de 'totalmente seria' a 'alegre y disfrutable'. Nunca había advertido la presión y la tensión a la que estaba sometida".

MODIFICADORA DEL MARIDO

La sumisión es la única esperanza para que nuestro marido cambie. Tu esposo cambiará en la medida que le permitas ser la cabeza del hogar y seas sumisa a él. No cambiará porque reniegues, lo desmerezcas, le sugieras, le recuerdes o lo protejas.

Jody y yo nos casamos siendo estudiantes. Yo había trabajado mientras estudiaba, tenía una beca y sabía que obtener dinero no era cosa fácil. Jody no había trabajado y ¡no sabía lo difícil que era conseguir dinero! ¿Adivina quién era más responsable? Surgieron inumerables discusiones a raíz de mi deseo de saber cómo se gastaba cada centavo. Jody, que es un adicto a los libros, finalmente comenzó a "contrabandear" libros que había comprado y los ponía en estantes donde yo no los veía. Cuando yo finalmente encontraba el libro y preguntaba si era nuevo, él sonreía y me decía: "¡No, querida, lo he tenido ya varios meses!"

Más adelante, cuando empecé a entender qué quería Dios que yo fuera como esposa, dejé completamente de controlar las finanzas. ¡Lo hice con temor y temblor, pero lo hice! Fui sumisa a Jody y empecé a orar que Dios lo hiciera confiable en esta área.

Hoy, Jody es *tan* fiel con nuestras finanzas, ¡que a veces me pregunto si hice la oración correcta! No tenemos deudas, pagamos al contado nuestras compras, y tenemos un presupuesto detallado. Tenemos varias tarjetas de crédito pero rara vez las usamos. La política de Jody es "no compres hasta que no tengas el dinero", y yo lo respeto mucho por ello. Los papeles se han dado vuelta y ahora soy yo quien tiene que venir a pedir perdón por haber cargado a la cuenta un vestido que estaba de liquidación. Jody habla a menudo en los seminarios sobre el tema de las finanzas y aconseja a otros hombres sobre cómo ser fieles al respecto. ¡Este era el hombre al que yo no le confiaba un centavo!

Una mujer que aceptó a Jesús como su Salvador varios años después de casarse, advirtió que su matrimonio era un caso de total cambio de papeles. Ella era el líder y su esposo el ayudante. Ella era agresiva y extrovertida y él no lo era. Después de luchar para comprender qué quería hacer Dios en su matrimonio, ella decidió someterse a su esposo, aún cuando temía que él no asumiera el liderazgo. Más tarde me escribió:

> Realmente creo que un hombre cristiano no puede ser el hombre que Dios quiere que sea hasta que su esposa se someta y acepte sus planes. Mientras aprendo a ser así, Miguel va adquiriendo más confianza. Realmente charlamos y compartimos más. En asuntos íntimos, las cosas han mejorado mucho. Advertí que no había estado satisfaciendo sus necesidades en absoluto. Estoy convencida de que si las esposas van al Señor, le piden que las haga sumisas y luego obedecen (eso es lo que cuesta), ¡luego el Señor hará de nuestros hogares un espejo de Cristo y su iglesia!

SU REALIZACION

Yo creo que la sumisión es el único camino a la verdadera realización de la mujer. Puedes haber estado batallando por años y te habrá costado todo: alguien que te guiara, seguridad y paz interior. Has logrado hacer las cosas a tu manera en algunas áreas, pero has pagado el precio de afectar tu relación con tu esposo ahora y cuando se vayan los hijos.

TU RESPUESTA SEXUAL

La sumisión es muchas veces la clave para la felicidad sexual. De acuerdo con una encuesta que llevamos a cabo personalmente entre dos mil mujeres cristianas, el 39 por ciento de las que llevaban veinte años de matrimonio, indicaban que habían experimentado un orgasmo alguna vez, rara vez o nunca. Este es uno de los problemas más comunes que las mujeres llevan a los consejeros matrimoniales. La razón es que la respuesta sexual en el nivel físico es el equivalente de la sumisión en el nivel psicológico. Los hombres y las mujeres tienden a ver la relación sexual desde distintos puntos de vista. Un hombre tiende a verla como "tomar" o "poseer". Una mujer, por el otro lado, tiende a considerarla como "entregarse a sí misma". Obviamente, si la mujer considera la vida sexual como un abandonarse y está en continua rebelión y desobediencia a su esposo, esto se trasladará al lecho conyugal y puede bloquear sus posibilidades de respuesta.

LOS LIMITES A LA SUMISION

Recuerdas la historia de Abraham y Sara. Ella le obedeció pero no llegó a pecar. Si el Faraón hubiera entrado a dormir con ella, no debía aceptar, porque ése hubiera sido su pecado personal.

En Hechos 5:1-8 leemos la historia de Ananías y Safira. Juntos, este esposo y su esposa vendieron un terreno y se pusieron de acuerdo para mentir respecto al dinero que habían obtenido de la venta. El esposo vino solo y mintió a los discípulos y de inmediato cayó muerto. Tres horas más tarde, su esposa entró y, como habían convenido, repitió la misma mentira. El apóstol Pedro le dijo: "¿Por qué convinisteis en tentar al Espíritu del Señor?"

Y ella también cayó muerta.

Algunos han dicho que una mujer totalmente sometida a su esposo no es responsable ante Dios si él la conduce a pecar. Este pasaje prueba lo contrario. Cada ser humano es responsable por sus pecados. El límite de la sumisión es éste: sumisión total, sin pecado personal.

¿CUANDO PUEDO DESOBEDECER?

1. Cuando tu esposo te pide que hagas algo totalmente contrario a las Escrituras. Recuerda que tu conciencia no es siempre una guía

confiable ni lo es lo que tú sientes que Dios te está mostrando. ¡Ve directamente al Libro!

2. Cuando hayas completado este procedimiento:[1]

* Pregunta: ¿Cuál es la necesidad en la vida de mi esposo que se esconde detrás de su requerimiento?
* Sugiere una forma creativa de satisfacer esa necesidad básica sin contradecir la Biblia.
* Confía en Dios como lo hizo Sara. Dios puede querer intervenir y demostrar su poder.

Supongamos por ejemplo que un esposo quiere que su mujer aborte, y ella siente que está mal. En primer lugar, ¿se condena el aborto en la Biblia? En beneficio de nuestro ejemplo, supongamos que esta mujer cree que la Biblia está en contra del aborto.

En segundo lugar, se preguntaría: "¿Cuál es la necesidad en la vida de mi esposo que lo lleva a pedirme que aborte?" Quizás la pareja tiene ya varios niños y el esposo teme no poder mantener a otro más. Quizás la esposa ha dejado de ser esposa y se ha vuelto solamente madre, y el esposo ve a otro hijo como un nuevo obstáculo. Quizás teme perder su trabajo y piensa que no es momento para tener otro hijo. Podría haber varias razones.

Después de distinguir la necesidad básica, la esposa debiera sugerir una forma creativa de responder a esa necesidad sin entrar en contradicción con las Escrituras. Quizás podría admitir su fracaso como esposa, pedir perdón y mostrarle lo atractiva que puede ser como esposa. Si el problema fuera financiero, quizás podría ofrecer aportar con un ingreso extra. ¡Todas podemos ser creativas si ponemos a trabajar el cerebro y probamos!

Presento estos límites a la sumisión porque advierto que pueden ocurrir situaciones extravagantes. ¡No estoy en ninguna manera diciendo que no debes ser sumisa a tu esposo! Probablemente el 99 por ciento de ustedes nunca tenga que plantearse todas estas preguntas. Las incluyo para el 1 por ciento. Recordemos que nuestro enfoque emocional debe estar en cómo ser sumisas y no en: "¿Dónde está la salida?"

LA VERDADERA BELLEZA

Leemos en 1 Pedro 3 que las mujeres debieran tener el "incorruptible ornato de un espíritu afable y apacible, que es de grande estima delante de Dios". En algunas traducciones en vez de estima se usa la palabra "precioso". La palabra griega para "precioso" se usa dos veces más en 1 Pedro. Primero, para decir que el derramamiento de sangre de Jesucristo es precioso, y segundo, que El es la piedra del ángulo, escogida, preciosa, de nuestra fe. La tercera vez es en referencia a una mujer santa y sumisa. Dios dice que nosotras, también, podemos ser preciosas como Cristo. Que un espíritu sumiso, calmo y afable es raro y costoso, y de gran estima para Dios. ¡Si alguna vez has conocido a una mujer así, no puedes haberla olvidado! Es de gran estima para Dios, una gloria para su esposo y una alegría estar cerca de ella!

CAPITULO IX
Mi amado y mi amigo

Hace poco, durante un seminario en Missouri, les dije a las mujeres que íbamos a hablar sobre cómo ser amantes creativas, y una mujer dijo en voz bastante fuerte: "¡Hurra!" ¡Espero que tú también estés ansiosa por aprender algo en relación a esta importante área de tu matrimonio!

Hoy, todos estamos bombardeados con la perspectiva mundana del acto sexual. ¡De hecho, no podemos evitarlo! Lo que muchos de nosotros no tenemos es la perspectiva bíblica del acto sexual. ¡Y Dios tiene muchas cosas interesantes que decir al respecto! La Biblia presenta al acto sexual abiertamente y lo trata con realismo, considerándolo un precioso don de Dios. Todos tenemos ideas, opiniones, temores, frustraciones, inhibiciones y culpas que se han acumulado a lo largo de nuestra vida. Romanos 12:2 dice: "No os conforméis a este siglo, sino transformaos por medio de la renovación de vuestro entendimiento, para que comprobéis cuál sea la buena voluntad de Dios, agradable y perfecta". Detente ahora mismo y pídele a Dios que deje limpia tu pizarra mental. Te ayudará a dejar a un lado todas las ideas preconcebidas. Sólo entonces estarás lista para escuchar lo que El tiene que decirte. Dios quiere renovar nuestra mente en todas las áreas: incluyendo las actitudes sexuales.

INTERCAMBIANDO DONES

"El marido cumpla con la mujer el deber conyugal, y asimis-

*mo la mujer con el marido. La mujer no tiene potestad sobre
su propio cuerpo, sino el marido; ni tampoco tiene el marido
potestad sobre su propio cuerpo, sino la mujer" (1 Corintios
7:3,4).*

Pablo está diciendo aquí que tu cuerpo es un regalo a tu esposo, y
su cuerpo es un regalo para ti. Nuestros cuerpos deben ser entregados mutuamente deseando agradar al otro. En este sentido, Pablo
está diciendo que un esposo y una esposa deben estar totalmente
disponibles para su cónyuge. También dijo que no se nieguen el uno
al otro, excepto para consagrarse a la oración. ¡Mi esposo dice que
ha escuchado de mujeres que dan muchas excusas para eludir el
sexo, pero nunca para dedicarse a la oración!

El pasaje citado nos muestra la igualdad que Dios quiere en la
relación sexual. Muchas esposas han recibido una enseñanza distor
sionada respecto a la naturaleza sexual de la mujer. Se les ha dicho
que una mujer, "por naturaleza" tiene menos motivación sexual
que un hombre, es menos apasionada, se excita menos y con menos
frecuencia, y que el deseo y la satisfacción sexual fuertes no son propios de su naturaleza.

Es cierto que los hombres y las mujeres difieren en sus reacciones
sexuales, así como difieren en su anatomía y fisiología. Pero el
placer y la satisfacción que experimenta una mujer normal, si bien
es diferente al de su esposo, es por lo menos tan profundo como el de
él. El impulso sexual de ella es también igualmente fuerte. En realidad, si pudiéramos comparar la magnitud de la respuesta, hay
varias razones por las que podríamos esperar encontrar que la motivación de ella sea más fuerte y su satisfacción mayor. "El vigor
sexual de una mujer sana, eróticamente estimulada, es muy grande;
de hecho, puede ser mayor que la potencia del hombre promedio".[1]

¡INTOXICATE!

*"Bebe el agua de tu misma cisterna, y los raudales de tu pro-
pio pozo. Sea bendito tu manantial, y alégrate con la mujer de
tu juventud, como cierva amada y graciosa gacela. Sus caricias
te satisfagan en todo tiempo, y en su amor recréate siempre"
(Proverbios 5:15,18,19).*

Se establece aquí un hermoso paralelo entre la sed calmada al tomar agua limpia y fresca, y la sed sexual de una pareja satisfecha a través de uniones sexuales regulares y excitantes en el matrimonio.

La frase "alégrate con la mujer de tu juventud", indica que la relación sexual provee a los cónyuges un gran placer. La esposa es descrita como tierna, encantadora, amante y proveedora de placer.

Mi traducción favorita de este pasaje es: "Deja que el amor y el abrazo sexual con tu esposa te *intoxiquen* continuamente de placer. Disfruta siempre del *éxtasis* de su amor". ¡Qué descripción! ¡Intoxicación y éxtasis! No veo aquí a la pobre y sufrida esposa que aguanta los avances sexuales de su marido. Veo una relación excitante, altamente erótica y amorosa. Puesto que esta descripción del matrimonio está en la Palabra de Dios, ¡es seguro que esto es lo que Dios tiene en mente para *tu* matrimonio!

LA MEJOR CANCION DE SALOMON

El Cantar de los Cantares contiene ocho capítulos de hermosa poesía, describiendo la relación de amor entre el marido y su mujer. Describe en lenguaje poético y vívido, los cuerpos físicos de amantes casados, técnicas de excitación sexual entre esposo y esposa, los sentimientos, actitudes, imaginaciones, sueños y el placer espiritual y sexual que experimentan.[2] Para comprender mejor el Cantar de los Cantares, lee el excelente libro de mi esposo "Solomon on Sex" (Thomas Nelson, 1977).

El Cantar de los Cantares es la historia del rey de Israel, que cortejó y conquistó a la sulamita, una hermosa muchacha provinciana, y la hizo su esposa. Cada pasaje está cargado de abundante enseñanza de Dios sobre los aspectos sexuales del matrimonio.

CUMPLIDOS Y OTRAS DELICADEZAS

"Como el manzano entre los árboles silvestres, así es mi amado entre los jóvenes" (Cantar de los Cantares 2:3).

Salomón y su esposa están activamente entregados a hacerse el amor en este pasaje. Puesto que la manzana es un símbolo frecuente del amor en el Cercano Oriente, se usa a lo largo del canto para simbolizar el amor sexual. Ella está alabando su habilidad para hacer el amor y diciéndole qué amante extraordinario es él.

Puede que no consideres a tu marido como el último descendiente de los amantes apasionados, ¡pero él quiere que lo creas! El ego de un hombre se pone a prueba en su habilidad como amante, y tu rechazo puede herirlo profundamente. Tenemos la idea de que las mujeres son las sensibles; pero creo que en lo que se refiere a las relaciones sexuales, el hombre es más sensible. Si piensas que es aburrido y rutinario como amante, probablemente termine por convertirse en eso. ¡El quiere y necesita escuchar tu alabanza! Dile que encuentras atractivo su cuerpo, que su deseo por agradarte es excitante, y que te gusta la forma en que sus manos son a la vez suaves y fuertes. Todo hombre anhela escuchar: "¡Cariño, eres un amante fantástico" O: "Me apenan todas las mujeres del mundo porque no pueden tenerte como amante".

Quizás estás pensando: "Ay, pero si ¡no hay nada excitante en ese plomo con el que estoy casada!" Sí, sí que lo hay. ¡Siempre hay *algo* por lo que puedes alabarlo! No seas falaz, pero busca creativamente las cualidades positivas. Verbaliza tu alabanza. ¡A él le va a encantar!

DEFINE TU PREFERENCIA

Salomón y su esposa continúan haciéndose el amor. Ella dice: "Sustentadme con pasas, confortadme con manzanas; porque estoy enferma de amor" (Cantar de los Cantares 2:5).

Al decir que está enferma de amor, significa que está totalmente inundada de deseo sexual. Por ello le pide a Salomón que la alimente con torta de pasas y manzanas (símbolos del amor erótico). ¡En otras palabras, le está pidiendo que la satisfaga sexualmente sin demora!

La esposa luego le dice a Salomón exactamente cómo puede satisfacerla. "Su izquierda esté debajo de mi cabeza, y su derecha me abrace" (2:6). Esto sugiere que ella desea que la mime y estimule corporalmente. ¡Por favor toma nota! Se están comunicando mientras hacen el amor; abiertamente, sin vergüenza, libremente. Salomón le explica lo que está haciendo para agradarla y le pregunta qué más puede hacer para satisfacerla. Muchos hombres y mujeres no saben cómo satisfacer a su pareja porque tienen lo que llamo "acto sexual silencioso".

Una mujer asistió para una consulta y dijo que después de veinte años de matrimonio nunca había experimentado un orgasmo. El consejero le preguntó si alguna vez le había dicho a su marido cómo estimularla. Ella le dijo: "Oh, no, por supuesto que no".

MIRATE AL ESPEJO

En el capítulo 4 tenemos la segunda escena de amor. Salomón alaba el aspecto físico de su mujer, comenzando arriba y hacia abajo, probablemente acariciándola mientras habla. Dice que tiene los ojos como palomas; su cabello es negro y largo; sus dientes suaves y blancos; sus labios rojos y tiernos; sus mejillas, blancas; su cuello, erguido; sus pechos, llenos y juveniles; su "huerto" (órgano), aromado eróticamente.

A lo largo del Cantar de los Cantares, se usa el lenguaje poético para describir a los órganos genitales. El "huerto" se refiere al órgano femenino, y la "fruta" al masculino.

¿Cómo te describe tu esposo? ¿Tiene conciencia de tu femineidad, de que eres excitante como mujer y amante, o eres sólo la madre de sus hijos y el ama de casa? ¿Te considera atractiva? Mira la mujer de un barrio típico. ¡Es una tragedia que muchas mujeres dejen de cuidarse apenas obtienen el título de "señora"! Vayamos a un terreno más personal. ¿Te preocupas *tú* tanto *ahora* por tu aspecto como antes de casarte?

Tengo una amiga cuyo marido es piloto y pasa a veces varios días seguidos en la casa. Una mañana ella entró a bañarse a eso de las nueve y pasó una hora depilándose las piernas, duchándose, entalcándose, perfumándose, vistiéndose y arreglándose el cabello. Cuando entró a la sala, su esposo le preguntó: "¿A dónde vas?"

Cuando ella le dijo que tenía su cita anual con el ginecólogo, él exclamó: "Me gustaría que te arreglaras así para *mí* alguna vez".

La mayoría de nosotras se siente incómoda cuando tiene que visitar al ginecólogo, de modo que nos arreglamos al máximo desde la cabeza hasta los pies para compensar. (Estoy segura que una encuesta entre los médicos revelaría que rara vez ven una mujer con las piernas sin depilar.) Es una triste ironía que muchas de nosotras nos vistamos hasta el máximo de la elegancia para personas relativamente extrañas, pero parezcamos lavanderas primitivas ante nuestro esposo.

¿Buscas agradar a tu esposo con tu aspecto físico? Descubrí después de varios años de matrimonio que Jody no era ignorante respecto a la abundancia de ropa roja, blanca y azul que yo tenía. A él le gustan los estampados y los colores suaves. ¿Para quién me visto en última instancia, para mi esposo o para los editores de las revistas de modas?

A Jody le encantan las mujeres delgadas; ¡trágico para mí porque me encanta comer! Mi imagen del paraíso es una mesa de banquete con delicadezas disponibles constantemente. A raíz de esto, con sangre, sudor, lágrimas y dieta, bajé 8 kilos. Hace poco Jody puso sus brazos alrededor de mí y me dijo: "Querida, me encanta tu nuevo cuerpo".

Una sabia mujer me dijo que ella siempre se pone maquillaje fresco, se arregla el cabello y si es necesario se cambia la ropa antes de que lleque su marido.

"Después de todo", me dijo, "él está viendo mujeres que se esfuerzan por resultar atractivas todo el día en la oficina. ¿No debería yo esforzarme igual?"

Le he pedido a Jody que llame por teléfono antes de salir del trabajo, para tener quince minutos para prepararme física, emocional y espiritualmente. Eso puede significar cambiarme la blusa que Tommy me ha manchado con mantequilla de maní, o levantar rápidamente los juguetes. Más a menudo, sin embargo, significa entregar nuevamente mi día al Señor, pidiéndole que me ayude a quitarme los ojos de encima y ponerlos en Jody. Le pido a Dios que me haga sensible a las necesidades de Jody cuando entre por la puerta. ¿Cómo puedo satisfacer esas necesidades? Seguro, comparto todas las alegrías y frustraciones del día con Jody, pero primero trato de concentrarme en él, reservando mis necesidades para más tarde.

EXCUSAS Y MAS EXCUSAS

En el capítulo 5, encontramos una escena en la que Salomón busca a su esposa tarde en la noche, deseoso de hacerle el amor, y su esposa le ofrece la tatarabuela de todas las excusas: "Me he desnudado de mi ropa; ¿cómo me he de vestir?" (5:3a).

Esto indica que se ha desvestido y está lista para dormir. Como era la costumbre, la puerta estaba cerrada con llave. Para abrirla, tendría que levantarse, ponerse una túnica y caminar a través de la habitación. En realidad está diciendo: "Ay, Salomón, ¿no puedes dejarlo pasar? ¿No ves que estoy cansada y lista para ir a la cama?"

Luego se aparece con otra excusa: "He lavado mis pies; ¿cómo los he de ensuciar?" (5:3b).

Como era un ritual religioso lavarse los pies antes de ir a la cama, ella está expresando: "No sólo tendría que vestirme y cruzar la pieza sino que tendría que volver a lavarme los pies".

¿Cómo respondes a tu esposo cuando quiere hacerte el amor? ¿Reaccionas con ansiedad, alegría, ternura, o lo evitas todas las veces que puedes, y lo soportas cuando no queda remedio? ¿Te son conocidas estas excusas?:

1. Dolor de cabeza repentino
2. Demasiado cansancio. (¡Estás cansada! ¡Has estado haciendo cosas para la gente todo el día y ahora quieres enroscarte bajo las sábanas y que te dejen sola!)
3. Negándote a él como una forma de castigo. ¿Es el acto sexual un favor que entregas o retienes según estés conforme o no con él?

¿Estás recordando errores pasados? ¿Te ha sido infiel y eso vuelve a tu mente cada vez que quiere amarte? No pretendo disminuir el dolor y la angustia que una esposa siente cuando su esposo le ha sido infiel, pero si persistes en ello, te destruirás a ti misma y a tu matrimonio.

Aplica 1 Corintios 13 a tu relación sexual. ¿Es paciente y amable; nunca es envidiosa ni celosa; no es posesiva; no es torpe; nunca es indiscreta; no busca lo suyo, no es egoísta; no se enoja ni guarda rencor; no presta atención a un error doloroso; no ennumera fallas pasadas; siempre cree lo mejor de él; nunca falla?

Por nuestra propia naturaleza no somos capaces de tener esa clase de amor. Pero con Dios todas las cosas son posibles. Recuerda, Dios está obrando en ti cada día, conformándote a la imagen de Cristo.

Continuamente veo a mujeres que presentan excusas para evitar físicamente a sus esposos. Si eres una de esas mujeres, es probable que ocurran cuatro cosas en tu matrimonio:

1. *Tu esposo reaccionará.* Puede probar presión suave al comienzo, luego aplicar la fuerza, causando problemas terribles en la relación. Después de rendirse ante las innumerables excusas, un esposo finalmente confrontó a su mujer: "Eres una buena madre, una buena cocinera y una buena ama de casa. Eres atractiva y socialmente equilibrada. Pero, querida, ¡necesito una *mujer!*"

Con esa frase, cruzó la puerta por última vez.

2. *Tu esposo te dejará ser como eres, resintiéndose en silencio.* La relación sufrirá consecuencias desastrosas. Una mujer me dijo: "Mi esposo me deja sola. Sólo se me arrima una vez por mes y es así como me gusta".

¿Qué clase de relación amorosa es ésa? ¿Qué clase de matrimonio se puede tener cuando ambos cónyuges se evitan el uno al otro por temor a una pelea sobre las relaciones sexuales? ¡La esposa duerme en una punta de la cama y el esposo en la otra, confiando que los dedos de los pies no vayan a tocarse porque el otro podría pensar que se trata de una propuesta sexual! Este no es un matrimonio en absoluto. Se trata de dos extraños viviendo bajo el mismo techo.

3. *Lo empujarás al adulterio.* Si has disminuido su ego rehusándote continuamente o has jugado el papel de la "esposa respetuosa que lo soporta sexualmente", lo dejas expuesto a la dulzura y a la ternura de otra mujer. Para probarse a sí mismo que es atractivo y deseable como hombre, puede buscar a una mujer que lo haga sentirse amado. Si comete adulterio en estas circunstancias, tú también eres culpable.

4. *Estarás fuera de comunión con Dios.* La Biblia dice claramente que no tienes autoridad sobre tu cuerpo sino que tu marido la tiene. Lo mismo es verdad respecto de su cuerpo. Si cualquiera de los dos ha usurpado esa autoridad, está desobedeciendo a Dios.

HERMOSAS FANTASIAS

La esposa de Salomón lo describe físicamente así:

"Mi amado es blanco y rubio, señalado entre diez mil. Su cabeza como oro finísimo; sus cabellos crespos, negros como el cuervo. Sus ojos, como palomas junto a los arroyos de las aguas, que se lavan con leche, y a la perfección colocados. Sus mejillas, como una era de especias aromáticas, como fragantes flores; sus labios, como lirios que destilan mirra fragante. Sus manos, como anillos de oro engastados de jacintos; su cuerpo, como claro marfil cubierto de zafiros. Sus piernas, como columnas de mármol fundadas sobre basas de oro fino; su aspecto como el Líbano, escogido como los cedros. Su paladar, dulcísimo, y todo él codiciable. Tal es mi amado, tal es mi amigo, oh doncellas de Jerusalén" (Cantar de los Cantares 5:10-16).

Salomón no está presente. Su esposa está soñando despierta con su esposo, amante y amigo. ¡Qué combinación perfecta! Lo imagina mentalmente y llega a la conclusión de que todo él es deseable. Sus pensamientos acerca de él son *muy* físicos y anticipa su regreso.

¿Cómo piensas tú en tu esposo? ¿Es el buen hombre que trae el cheque del sueldo, va a la iglesia y juega con los chicos? ¡Eso está bien, pero no es suficiente! Regresa en el tiempo. ¿Qué pensabas de él antes de que se casaran? Estoy segura de que advertiste su físico y pensaste en él; en sus manos fuertes, y en lo bien que te sentías cuando ponía sus brazos alrededor tuyo. Notaste sus hombros rectos, la sonrisa con que te expresaba que añoraba hacerte suya. Te hacía subir escalofríos por la espalda. Después de vivir varios años con alguien, sin embargo, dejamos de fijarnos. ¡De hecho, algunas de nosotras empezamos a advertir sólo las cosas *malas* y le hacemos bromas por su abdomen redondo y su pérdida de cabello!

Nunca olvidaré una experiencia que tuve en la universidad. Me habían invitado para hablar a un grupo de estudiantes, pero primero almorzamos juntas. Cuando llegó la hora de hablar, me presentaron como Linda Dillow, y antes que pudiera decir otra palabra, una bonita adolescente se levantó y dijo: "Ah, ¿eres la esposa de Jody Dillow? ¡El es maravilloso!"

La última frase la pronunció como en una especie de éxtasis. Continuó hablando de *mi* marido como si fuera Tarzán, Alberto Einstein y Billy Graham todos en uno.

Casi no pude dar mi mensaje. Todo el camino a casa pensé en la forma que esta chica veía a mi marido. ¡Me produjo un sacudón verlo a través de los ojos de otra mujer!

¿Cómo ve a tu marido a su secretaria? Una esposa debiera mirar a su marido a través de la habitación y sonreír dentro suyo sabiendo que ella lo conoce como nadie más lo conoce. Otras mujeres pueden mirar y admirar, pero sólo ella puede poseerlo. Un autor ha sugerido que la mujer debiera tener una "santa codicia" hacia su esposo. La palabra *codicia* se usa con cuidado, indicando un fuerte deseo de poseer y disfrutar. ¡Hay una diferencia entre ser posesivo y poseer! El deseo de conocer todo lo que puedas conocer de tu esposo, de poseerlo completamente y ser poseída sexualmente por él en forma total, no es ser posesiva.[3]

¿*Estás* enamorada de tu esposo? Claro, sé que lo amas. Han estado juntos mucho tiempo y te has acostumbrado a él. ¿Estás *enamorada* de él? ¿Cuánto hace desde que tu corazón se estremeció al mirarlo? Nos disgusta que no nos tomen en cuenta. Tu esposo necesita que le digas que lo amas y que resulta atractivo para ti. Esta noche, quita por un buen rato la vista de los platos sucios para poder realmente mirarlo. Luego abre la boca (con una palanca si es necesario) y dile que lo amas y lo deseas.

¡DEJATE EN LIBERTAD!

En el capítulo 6, Salomón y su esposa están solos en el palacio. Ella desea hacer el amor con su esposo y agresivamente toma la iniciativa. Como parte del juego del amor y como un modo de despertar el deseo sexual del esposo, danza desnuda ante él. Mientras danza, le dice tímidamente: "¿Qué veréis en la sulamita, algo como la reunión de dos campamentos?"

(En algunas versiones de la Biblia en vez de la palabra reunión se usa la palabra "danza", la cual se refiere a la danza de Mahanaim, que contenía desplazamientos tan magníficos y delicados como la danza de un ángel, y tan sensuales como una bailarina oriental.) ¡Resulta obvio por qué estaría mirándola!

Salomón contesta: "¡Cuán hermosos son tus pies en las sandalias, oh hija de príncipe! Los contornos de tus muslos son como joyas, obra de mano de excelente maestro" (Cantar de los Cantares 7:1).

Por si no lo supieras, los hombres se excitan a la vista del cuerpo femenino. El mundo explota esto al extremo. Puesto que el mundo pervierte el cuerpo, algunas mujeres sienten que deben ser lo opuesto al mundo. Si el mundo expone el cuerpo, ellas lo ocultan. ¡No van a ser como esas desagradables mujeres de la página central de la revista *Playboy*!

Me disgusta la vocinglera explotación del sexo. Recientemente, mientras buscaba una buena película para chicos en la sección de espectáculos del diario, me descompuso la cantidad de propagandas de películas eróticas. Me enfurecen porque degradan el don de Dios y lo abaratan.

Glorificamos a Dios en nuestros cuerpos no sólo por abstenernos del mal uso del sexo, sino por el uso adecuado y santo de nuestro cuerpo en la relación sexual. El mundo se equivoca al exponer el sexo, pero una esposa se equivoca en la *misma forma* al ocultarlo de su marido. ¡La Palabra de Dios dice que el esposo y la esposa deben disfrutar y excitarse a la vista de sus respectivos cuerpos! ¡Dios creó a tu esposo para que se excite a la vista de tu cuerpo!

¿Por qué la esposa no muestra en forma sugestiva su cuerpo a su marido?

1. *Tiene demasiadas inhibiciones.* Todas tenemos al menos algunas, y van en detrimento de la salud conyugal. Trataremos esto en detalle en el próximo capítulo.

2. *No le gusta su cuerpo.* ¡Una esposa me dijo que no le gustaba que su esposo la viera sin ropas porque estaba segura de que él le miraría los rollos de su cintura!

Hay algunas cosas de nuestro cuerpo que no podemos cambiar; ¡pero hay muchas cosas que sí! Nuestro peso es una de ellas. ¡Desearía tener una super dieta, donde todo lo que hubiera que hacer fuera orar y los kilos bajaran solos! Yo lucho constantemente con mi peso y sé que cuando estoy delgada me siento mucho mejor conmigo misma y me siento más atractiva para mi esposo. ¡Si necesitas perder peso, hazlo! ¡Si necesitas hacer ejercicios, hazlos! Puedes pasarte la vida "deseando" que te guste tu figura. He descubierto que estar a dieta es una de las mejores formas de aprender autocontrol o templanza. Y puesto que la templanza es parte del fruto del Espíritu Santo (Gálatas 5:22,23), debiéramos desearla activamente. ¡Tendrás un doble premio: perder peso y crecer espiritualmente a la vez!

Salomón continúa alabando a su esposa mientras ella danza, y le dice: "Subiré a la palmera, asiré sus ramas" (7:8).

Trepar a la palmera se relaciona con fertilizarla. Salomón está diciendo que desea hacerle el amor a su esposa.

Luego su esposa le dice: "Y tu paladar como el buen vino, que se entra a mi amado suavemente, y hace hablar los labios de los viejos. Yo soy de mi amado, y conmigo tiene su contentamiento" (Cantar de los Cantares 7:9,10). Ella expresa que es totalmente de él y está dispuesta a complacerlo. Se conmueve por el hecho de que Salomón la desea físicamente.

La descripción del matrimonio que Dios hace en las Escrituras, muestra una hermosa relación libre y placentera. Pido a Dios que estos pocos pasajes te hayan mostrado lo que El tiene en mente para todo matrimonio cristiano. Cuando te dice que disfrutes del acto sexual libre y *gozozamente* con tu esposo, te está diciendo: ¡Búscalo!

CAPITULO X
La amante creativa

I. ROMPIENDO LA BARRERA DE LA RESPUESTA

La descripción divina de una relación sexual libre y placentera en el matrimonio a menudo no se cumple en muchos matrimonios. Las parejas que no experimentan esta unidad física son incapaces de responder. En un hombre, esto podría significar impotencia (la inhabilidad de tener erección) o eyaculación prematura (orgasmo inmediatamente o poco después de la penetración). Para la mujer, la inhabilidad para responder generalmente resulta en la incapacidad para llegar al orgasmo. Para algunas mujeres, sin embargo, puede significar una total falta de reacción sexual. Para otras puede llegar a ser una completa ausencia de interés en la relación sexual con su esposo.

CAUSAS DE LA FALTA DE RESPUESTA

LA ORIENTACION DE LA META

A menudo, cuando una mujer tiene dificultad para responder sexualmente, es porque teme que no experimentará un orgasmo. La meta de la unión sexual se vuelve el orgasmo femenino; o para el hombre, superar la impotencia. En contraste con esto, la meta de la unión sexual debiera ser dar y recibir amor.

Una mujer que ha sido incapaz de lograr el orgasmo, centra su atención en esta falla. Empieza a temer cada encuentro sexual porque teme volver a fallar.

Una mujer que no ha logrado el orgasmo está generalmente en una situación desafortunada. En las experiencias sexuales con su esposo, a veces está ligeramente excitada, pero nunca satisfecha.

En lo íntimo está frustrada, pero no lo admite. Ha tenido muchas expectativas respecto al sexo en el matrimonio, y eso está bien, pero ha recibido poco. Se preocupa por satisfacer las necesidades sexuales de su esposo, pero secretamente se pregunta si no habrá algo malo en ella. A medida que pasan las semanas, los meses y los años, el mismo esquema se mantiene: ligera excitación, sin lograr satisfacción jamás. Gradualmente se torna nerviosa e irritable. La experiencia resulta inatractiva para ella. La evita cada vez que puede.[1]

Es importante para la mujer lograr el orgasmo regularmente, pero no debiera ser la meta de la unión sexual. El temor al fracaso es la mayor barrera para lograr el éxito. Una mujer puede ser una amante diestra y excitable para su esposo aun cuando nunca tenga un orgasmo. Si se tranquiliza y disfruta amando a su esposo y siendo amada por él, hay mucha más probabilidad de que aprenda a lograr el orgasmo.

EL PAPEL DE ESPECTADOR

Una de las barreras más perniciosas a la estimulación sexual es hacer el papel de "espectador" en la relación sexual. En lugar de participar en el acto, en lugar de olvidarse de todo y dar lugar para que la excitación ocurra naturalmente, una persona adopta este papel porque teme (él o ella) no poder responder. Mentalmente se quedan a un lado y "observan" para ver si responden. Por no estar involucrados, no pueden responder, entrando en un círculo vicioso de desear, "observar" y fallar.

¡LA CULPA ES DE EL!

Algunas mujeres culpan a su esposo por su falta de reacción. Quizás por su forma de proponerle el acto sexual. O quizás sienten que si su esposo supiera más sobre el sexo, o fuera más cariñoso, o menos torpe, o más cualquier cosa, *entonces* ellas podrían responder.

¡Por cierto que los esposos necesitan aprender y madurar en el área sexual lo mismo que las esposas! Sin embargo, estoy personalmente convencida de que la mayoría de las mujeres tienen la *habilidad* para responder, si quieren hacerlo. La mayor parte de la reacción (o falta de reacción) de una mujer está centrada en su voluntad y en su mente. Algunas de nosotras necesitamos mirar nuestras propias debilidades en lugar de predicar sobre las de nuestro esposo.

ESOS ODIOSOS MITOS

Los mitos sexuales prevalecientes hoy en día incluyen que el sexo es algo sucio, que el tamaño del órgano sexual influye sobre la habilidad sexual, y que los hombres disfrutan del acto sexual pero que las mujeres no. Si alguno de los cónyuges acepta estos mitos, su respuesta sexual se puede ver afectada seriamente.

Otras barreras a la reacción sexual pueden ser malas experiencias en la infancia, insatisfacción con la pareja, falta de liderazgo masculino en el hogar, o anomalía orgánica masculina. Si en el concepto de la esposa, su marido es socialmente aburrido, incapaz para los negocios o siempre un segundón, se generan señales negativas y la mujer no responde. Sintetizando el problema, un médico dijo: "Un inconveniente importante para la adaptación sexual en la pareja es la falta de tiempo para adquirir experiencia sexual. Muchos matrimonios hacen todo apurados, incluyendo sus experiencias sexuales, por falta de tiempo".

BUSCANDO LA HABILIDAD DE RESPONDER

INFORMATE

¡Me asombra la falta de información que tiene mucha gente respecto a los asuntos sexuales! ¡A menudo un hombre y una mujer se casan suponiendo que el otro sabe todo lo que es necesario saber sobre la relación sexual, cuando en realidad los dos carecen de la más básica información! He hablado con mujeres jóvenes e inteligentes que no sabían (durante varios años de matrimonio) que una mujer puede o debiera poder experimentar el orgasmo. Necesitamos aprender todo lo que podamos. Creo que una pareja casada debiera leer al menos un libro nuevo por año sobre su relación física. Los libros que aparecen al terminar el capítulo le serán de ayuda.

ASUME TU PAPEL

En primer lugar examínate. ¿Cuál es tu actitud hacia la masculinidad y la femineidad? ¿Te resientes frente al papel masculino y desearías poder asumirlo o te entusiasma tu papel como mujer y como *compañera* eficaz de tu marido?

Me gustaría que pudieras conocer a Janice. Mi amistad con ella comenzó mientras me preparaba para dar el primer seminario sobre *la esposa virtuosa*. Es una mujer de negocios, sumamente lúcida, competitiva, y con un sueldo colosal, lo cual la hace una mujer muy capaz y terriblemente eficiente, y de mano fuerte. Janice se me acercó fríamente y me dijo: "Voy a asistir a tu seminario el miércoles y más vale que sea bueno. Es la primera vez que voy a faltar al trabajo en doce años. Más vale que te prepares bien".

Toda su expresión decía, en síntesis: "Prueba enseñarme algo. ¡Te desafío!"

Janice llegó antes de hora, lista para el ataque. ¡Podía percibir su actitud desafiante y procuraba no mirarla mientras hablaba! Después del mensaje final, esperó para hablar conmigo. Me dijo: "Te voy a hacer el cumplido más grande que jamás le haya hecho a una mujer. Desearía que pudiéramos intercambiar nuestros cerebros. Durante treinta y tres años he creído exactamente lo contrario a todo lo que se ha dicho aquí, y veo lo terriblemente equivocada que estaba. Estoy decidida a cambiar. ¡De modo que presta atención, Linda Dillow, porque dentro de una semana seré más sumisa que tú!"

¡El cambio afectó a su hogar como una bomba! Su esposo, que siempre la había seguido, empezó a tomar el liderazgo. Sus hijos, que no la querían como persona, empezaron a adorarla. Y Janice misma, siempre la única, empezó a ser una persona santa. Me había dicho al salir del seminario que empezaba "de cero", ¡y así fue! ¡Pronto, sin embargo, pasó de allí a un puntaje positivo, y el cambio fue tan grande que los amigos que visitaban su casa decían que era una persona totalmente diferente!

Janice me dijo luego que siempre se sentía resentida por ser mujer. Era tan despierta como la mayoría de los hombres, ¡y más que muchos de ellos! Janice cambió al aceptar el papel que Dios le había dado al crearla. ¡Hasta se sorprendió cuando llegó a gustarle! Los cambios se filtraron en todas las áreas de su vida y su matrimonio, aun en las relaciones sexuales.

Nos hicimos muy amigas, y una noche mientras charlábamos me dijo: "Linda, hay un aspecto de mi matrimonio que nunca te he comentado. A pesar de mi liderazgo y conducción de la familia, teníamos un buen matrimonio, excepto en el área sexual. Durante los trece años de casados, yo no pude alcanzar el orgasmo, y esto perturbaba mucho a mi marido. Como tenemos dinero para hacerlo, viajamos a veinte estados en busca de ayuda. Consultamos ginecólogos, psiquiatras, sexólogos. Hasta me sometí a una operación, pero nada cambió.

"Una semana después de asistir a tu seminario y someterme a todo lo que Dios quería que yo fuera, experimenté un orgasmo. Mi esposo estaba tan entusiasmado que caminó por la pieza casi toda la noche diciendo: '¡No puedo creerlo!' "

Algunas de ustedes pueden arrastrar resentimientos como Janice. Si ése es tu caso, pídele a Dios ya mismo que te dé la actitud correcta. Empieza a concentrarte en todo lo que Dios quiere que seas como mujer. Acepta tu papel de *ayuda idónea*, y acepta todo lo que hemos dicho en este libro en cuanto a tu papel de esposa.

¡Mira a tu marido con ojos nuevos! Pídele a Dios que te ayude a verlo renovado, fresco. Si no has experimentado un orgasmo o lo logras rara vez, no lo tomes como la meta de tu relación sexual. En cambio, ama a tu esposo y disfruta aprendiendo a descubrir lo que te excita sexualmente. ¡Dios se va a ocupar de los resultados!

MANTEN LAS LINEAS DE COMUNICACION ABIERTAS CON TU ESPOSO

Dios quiere que tú y tu esposo se comuniquen abierta y libremente en cada área de su relación, incluyendo las relaciones sexuales. Quizás podrían probar de leer juntos el Cantar de los Cantares, en la Versión Dios habla hoy, o alguno de los libros que sugiero, o escuchar casettes sobre la relación sexual. Todo lo que pueda enfatizar sobre la comunicación en esta área será poco. Probablemente el 50 por ciento de los problemas sexuales podrían solucionarse con una comunicación amorosa, abierta y honesta.

LO PODREMOS SUPERAR

En una encuesta realizada a 500 hombres y mujeres cristianos, el 40 por ciento de las mujeres señalaba que su mayor problema en la relación sexual era la inhibición. Hablando y aconsejando a mujeres, descubro este problema una y otra vez. ¡La inhibición puede ser destructiva! ¡Debemos superarla! He tenido el privilegio de compartir los siguientes pasos para superar la inhibición, con cientos de mujeres que se han beneficiado al seguirlos. ¡Es mi oración que te sean útiles a ti también!

1. *Renueva tu mente.* Nuestras ideas acerca de las relaciones sexuales a menudo difieren de lo que Dios tuvo en mente. El quiere que tomemos conciencia y pongamos en práctica en nuestra propia vida la gloriosa descripción que El da del matrimonio en el Cantar de los Cantares. Vuelve a leerlo, y pídele a Dios que te dé *su* actitud. Satura tu mente con toda la información disponible sobre la relación sexual hermosa y libre que Dios ha dado al marido y a la esposa.

2. *Memoriza y medita en el punto de vista de Dios.* Dios dice que su Palabra es como una espada de dos filos, penetrando en nuestra vida. Durante años, has tenido al menos algunos pensamientos y sentimientos negativos hacia las relaciones sexuales. ¡Dios quiere cambiar todo eso a través de su Palabra!

Una mujer vino a consultarme y expresó su preocupación por las inhibiciones que le impedían ser la amante creativa que ella quería ser y que su esposo *realmente* quería que fuese. Hablamos de muchas cosas el tiempo que estuvimos juntas, pero como tarea principal le sugerí que memorizara pasajes de la Escritura tales como 1 Corintios 7, Proverbios 5, el Cantar de los Cantares. Conociendo el efecto fantástico que tiene la Palabra de Dios en las situaciones a las que se aplica (y temiendo que no se ocupara de memorizarla), le dije que la llamaría el martes siguiente para que me recitara los versículos. Procedí a anotar en mi agenda "llamar a Marilyn", en el día martes. Ella me conocía lo suficiente como para saber que hago todo lo que dice mi agenda, como un robot.

Llamé a Marilyn el martes siguiente, y la primera cosa que me dijo fue: "¿Tienes una taza de café?"

¡Taza en mano, me senté a escuchar cómo repetía entre diez y quince versículos de memoria! Cuando le pregunté si la había ayudado, me dijo que casi no podía creer el cambio producido.

"A lo largo del día, memorizaba y repetía las Escrituras, y encontré que estaba excitada por anticipado esperando nuestra relación sexual", me dijo. "Mientras nos hacíamos el amor, cuando me venían pensamientos negativos, pensaba en los pasajes que había aprendido y la tensión desaparecía. ¡A este ritmo, bien puedo memorizar todo el Cantar de los Cantares!

3. *Decide con tu voluntad ser la versión que Dios quiere que seas*

como amante creativa. Gran parte de un cambio comienza con una decisión. Todo cambio es difícil y lleva tiempo, pero no puedes empezar hasta que no te decides. "Sí, Dios, quiero hacerlo a tu modo". Jane tenía un matrimonio que se desmoronaba, y una visión de las relaciones sexuales completamente distorsionada. Le parecía algo animalesco, y quería tener poco que ver con eso. Su esposo no era cristiano, y entonces ella consideraba la relación sexual con él como algo solamente físico, y la rechazaba. Ella vino a consultarme esperando que yo coincidiera con su enfoque; no hace falta decir que no lo hice. Mientras hablábamos, compartí con ella el concepto de Dios respecto a la relación sexual y la estimulé a adoptar el estilo de amante creativa que Dios quería que ella fuese. Como ella vivía en otro estado, dudé que alguna vez llegaría a enterarme del desenlace.

Un año más tarde, estaba hablando en su ciudad, y ella entró en el lugar de la conferencia. Su aspecto estaba tan cambiado que casi no la reconocí. Había algo tierno en ella, una nueva calidad de felicidad y paz. Vino hacia donde estaba yo y me dijo: "Linda, no creerás lo que ha pasado".

Le dije que creería cualquier cosa porque lo veía en su rostro. Vino la confesión de la historia de dos personas que después de veinticinco años de matrimonio aprendieron a amarse, a tocarse y a acariciarse.

Siguió hablando y me contó en cuanto a su primer intento de tener un fin de semana solos.

"Lo llevé a cenar y había reservado una habitación en el hotel del frente. De lo único que habló durante toda la cena fue de la película que daban esa noche en la televisión. Estaba segura de que mis planes terminarían en el fracaso y que nos pasaríamos la noche mirando la pantalla. Y eso no era lo que yo había planeado. ¿Podrías creer, Linda, que apenas salimos del restaurante cuando se cortó la electricidad de todo el sector y se mantuvo así hasta después del noticioso de las diez? ¡Nos fuimos a la habitación del hotel con una vela y no tuvimos luces ni televisión en toda la noche!"

Siguió diciendo que su hija de diecinueve años le había dicho que nunca había conocido un matrimonio que le gustara, y menos el de sus padres. Jane me dijo: "Linda, por la gracia de Dios, ¡ella va a querer tener un matrimonio como el nuestro!"

La gracia de Dios es inmensa. ¡Hasta corta la luz cuando es necesario!

4. *Haz tu parte: tu 100 por ciento.* Al comienzo de nuestro matrimonio, Jody me pidió que le dijera en detalle todo lo que yo quería que él hiciese para satisfacerme sexualmente, y que luego le dijera todo lo que yo iba a hacer para satisfacerlo a *él.* Le dije (tragando saliva): "¿En detalle?"

Sentía muchísima vergüenza. Casi no podía pensar en estas cosas, ¡menos aún verbalizarlas! Sabía sin embargo, que podía o bien argumentar el bochorno que me producía y negarme a hacerlo, o bien aguantar el sofocón y decirle libremente cómo iba a amarlo. Fue molesto la primera vez, pero luego la molestia fue menor y finalmente desapareció.

He conocido a muchas mujeres que dan el pretexto de la "vergüenza". Piensan que en un año o dos más estarán listas para responder como sus esposos desean. Eso puede ser cierto para algunas, pero me parece a mí cuanto más se espera, más difícil se hace superar la incomodidad. Después de decidir con tu voluntad hacer las cosas al modo de Dios, *tú* debes hacer todo lo que esté a tu alcance para cambiar. Dios hará el resto.

5. *Dale tiempo a Dios para obrar.* He conocido a mujeres que, después de poner en práctica estos principios, fueron liberadas de sus inhibiciones en una sola noche. Para otras ha sido un proceso más gradual. Dios obra en forma individual con cada una de nosotras. Si has incorporado estos principios en tu propia relación, ya estás a mitad de camino. Ahora dale tiempo al Espíritu Santo de Dios a obrar en tu interior. ¡El es especialista en cambiar corazones!

II. ROMPIENDO LA BARRERA DE LA CREATIVIDAD

DEBES ESTAR TOTALMENTE DISPONIBLE

Leemos en 1 Corintios 7 que en el matrimonio ya no tenemos autoridad sobre nuestro cuerpo, sino que éste le pertenece a nuestro esposo. Un médico leyó este pasaje a una paciente femenina que tenía problemas sexuales en el matrimonio. Mirándolo horrorizada, ella le dijo que si estuviera totalmente a disposición de su marido, ¡nunca saldría de la cama! El sabio doctor le aseguró que no tendría ni cerca de la cantidad de relaciones sexuales que ella se imaginaba.

"El que golpea con los puños cuarenta veces cuando la puerta está cerrada", le dijo, "sólo golpea una vez si se le abre de inmediato".

Muchas mujeres que no han encontrado la armonía sexual con su esposo dicen que ellos les hacen propuestas sexuales casi todas las noches. Estas mujeres temen que se les pedirá que participen muchas más veces de lo que pueden soportar si eliminan las barreras. De hecho, un hombre que puede tener relaciones cada vez que lo quiere, descubre que en una o dos semanas la presión ejercida por su urgencia física queda aliviada, y la presión psicológica producida por el afán de superar la resistencia desaparece, de modo que su ritmo sexual se vuelve más moderado.

Un hombre le dijo a mi marido que su esposa estaba disponible para él en tiempos esporádicos. "Después que asiste a un seminario de Linda o lee un libro sobre el sexo, o después que tenemos una terrible pelea sobre nuestras relaciones sexuales, está más disponible y tiene una actitud positiva. Sé por experiencia que sólo le durará unos días. De modo que cuando está accesible, me aprovecho de ello. ¡Y entonces, mi esposa cree que en lo único que pienso es en nuestras relaciones sexuales".

¿Has estado alguna vez a dieta? (Me parece oír cómo te quejas). Cuando estás a dieta, en lo único en que piensas es en la comida. Cuando puedes comer todo lo que deseas, sin embargo, no tienes el mismo interés en la comida. Sucede lo mismo con las relaciones sexuales. Cuando un hombre o una mujer saben que serán rechazados, es muy probable que les consuma el deseo de aquello que no pueden obtener. Cuando un hombre sabe que su esposa está totalmente disponible para él, su deseo se nivelará gradualmente. Puede llevar algún tiempo, pero en la medida que vea que estás deseosa de amarlo y ser amada por él, el estilo insistente y urgido de la relación será reemplazado por un ritmo más apacible y tranquilo.

NUNCA MAS

Una mujer me llamó hace poco y me dijo: "Tengo un problema. ¡Mi esposo quiere hacer el amor demasiado seguido! A veces varias veces en el día y a menudo a las dos de la madrugada y de nuevo a las cuatro! Hemos tenido peleas horribles. Le he gritado y le he dicho que es un maniático sexual. Hoy se fue de la casa diciendo que me olvidara completamente del problema porque no se me iba a acercar más. Ahora estoy realmente asustada. Te he escuchado decir públicamente que tu meta en la vida es ser una mujer de Dios. Bueno, déjame decirte, mi meta en la vida es hacer que ese hombre me implore misericordia a gritos".

¡Le dije que oraría por ella!

Un tiempo después, me dijo que creía que estaba teniendo éxito en las relaciones porque se aproximaba seductoramente a su esposo mientras él miraba televisión, y él le respondía: "¡Por favor, déjame terminar el programa primero!"

Descubrió que debía probarle que estaba totalmente disponible para él mostrándose seductora. Parece ser de mucha ayuda para una mujer mostrarse capaz de hacer avances cuando está tratando de convencer a su esposo que su actitud ha cambiado.

Descubrió que por primera vez su esposo estaba realmente satisfecho. En oposición a la idea popular de muchas mujeres, la relación sexual no es sólo una cuestión física para los hombres. Cuando esta mujer se mostraba afectuosa, abierta y agresiva hacia su esposo, él se sentía *amado* y no sólo *soportado*. De esa forma resultaban satisfechas las necesidades psicológicas de aceptación y amor de él, y su deseo desesperado por tener relaciones sexuales disminuyó. Todavía era muy activo sexualmente, pero su relación mejoró mucho gracias a la nueva actitud de su esposa.

LA DISPOSICION TOTAL SIGNIFICA QUERER DAR

Un hombre le dijo a mi esposo que aun cuando su esposa lo satisfacía físicamente, él quedaba con una necesidad.

"Siento que ella no se ha entregado a mí o gozado realmente, sino solamente cumplido conmigo. Necesito otro desahogo sexual de inmediato, porque me siento añorando la unidad y el alivio que se produce cuando ambos cónyuges se entregan completamente. Sé que si me sintiera satisfecho física, emocional y espiritualmente, no andaría todo el día pensando en la relación sexual, deseándola y sufriendo interiormente".

Imagina lo siguiente: Estás atareada haciendo regalos de Navidad. Los chicos finalmente están dormidos, y por primera vez en ese día tienes tiempo de hacer algo que realmente deseas y necesitas hacer. Estás totalmente enfrascada con tu trabajo cuando tu esposo llega y te mira con ese brillo particular en los ojos.

A esa altura tienes que hacer una elección. Puedes decir: "Ay, querido, esta noche no", o puedes decidir que eliges amar a este hombre que Dios te ha dado. Tu respuesta inicial puede ser: "Oh, no", pero puedes cambiarla de inmediato a un: "Oh, sí", por un acto de tu voluntad. Una vez que estás en sus brazos, tienes más elecciones que hacer. Si te está besando locamente y tú todavía estás pensando en los regalos de Navidad, no va a pasar nada. Decide pensar en amarlo y pídele a Dios que te llene de deseo genuino. ¡Estoy convencida de que la mayor parte de la reacción sexual de una mujer está en su cerebro! Concéntrate en lo hermoso que es sentir su cuerpo y en el privilegio que tienes de amarlo, ¡y tus pensamientos sobre los regalos navideños van a desaparecer!

¡SE AGRESIVA!

¡Estoy convencida de que muchos hombres añoran que sus mujeres sean más agresivas sexualmente! Un hombre desea saber que lo deseas tanto como él te desea a ti. En una encuesta realizada entre 500 hombres y mujeres, el 40 por ciento de los hombres dijo que el mayor problema en sus relaciones sexuales era que sus esposas no eran lo suficientemente agresivas. Como ya mencioné antes, el 40 por ciento de las mujeres se quejaba de sus propias inhibiciones, que es en realidad el mismo problema visto desde el otro lado.

Algunos libros que se leen actualmente han proporcionado sugerencias sobre cómo llegar a ser más agresivas sexualmente. Algunas de ustedes darían un salto alarmadas y exclamarían: "¡Eso no es para mí!" Esa es precisamente la razón por la que no te voy a sugerir cómo *puedes* ser agresiva tú con tu marido. Cada una de nosotras es una persona particular con un esposo diferente. De modo que ninguna receta mágica puede servir para todas. Dios quiere obrar de forma excitante e innovadora en cada una de nuestras vidas. Pídele a Dios que te muestra algunas cosas novedosas que puedas hacer para transformar tu matrimonio en un romance. ¡Tienes que estar deseosa de poner a un lado las inhibiciones!

Una mujer que tenía edad como para ser mi madre, me dijo: "Le pedí a Dios que me diera la clave, ¡después de treinta años de matrimonio, ya era hora! Decidí una noche, después de darme una ducha, pedirle a mi esposo que me pusiera crema en la espalda, (era invierno, y ya sabes cómo se seca la piel). ¡Luego me armé de valor y le pedí que me pusiera crema en todo el cuerpo! Bueno, eso trajo otras cosas, y luego le conté que había asistido a tu seminario y había leído tu libro y había decidido probar algo nuevo".

"¡Querida, espero que ése haya sido el capítulo uno, porque estoy impaciente por llegar al segundo, al tercero y al cuarto!", había sido la respuesta entusiasta de su esposo.

Los hombres están diseñados físicamente para responder a las sensaciones visuales. Ten esto en cuenta cuando planees tácticas agresivas. Demasiado a menudo, las mujeres se aproximan a sus esposos en la forma en que *ellas* querrían ser conquistadas, (candelabros, romance y todos los accesorios), y los esposos conquistan a sus esposas en la forma en que ellos querrían ser tratados: más física y directamente. Procura conocer a tu esposo y sus preferencias. Si lo que él quiere es la danza de Manhanaim, ¡entonces ponte las sandalias de baile!

Recibí una carta muy especial del esposo de una señora que asistió a uno de mis seminarios. El y su esposa estaban ambos por encima de los cincuenta y tenían una buena relación matrimonial.

"Por favor continúe diciéndoles a las mujeres lo importante que es ser seductoras con sus maridos en la relación sexual. Mi esposa ha sido siempre dulce, sumisa, amante, ¡pero *nunca* habíamos vivido algo como lo que estamos viviendo ahora!"

Una mujer me escribió una nota preguntándome hasta dónde podía dejar que avanzara su marido. (¿Te trae recuerdos de la época de la secundaria?) Mi respuesta fue ésta: "Creo, a la luz de las Escrituras, que cualquier forma o cualquier lugar que quieras tocar, besar, mimar o amar del cuerpo de tu esposo, o ser amada tú misma, es correcto y bueno a los ojos de Dios. Los límites están dados por lo que les resulta placentero a ambos".

¡SE CREATIVA!

Puedes llegar a ser una Rembrant en tu arte sexual, o puedes quedarte en el nivel de los dibujos pintados con números.[2] ¿Qué cosa creativa has hecho esta semana para que tu relación sexual sea excitante? De hecho, ¿qué iniciativa creativa has tenido en tu relación sexual en el último año? (¿O debiera decir en los últimos diez años?)

UN ALMUERZO ESPECIAL

Una mujer se quejaba porque sus chicos se quedaban levantados hasta tan tarde que ella y su esposo tenían poco tiempo para estar juntos. Le pregunté si alguna vez lo había invitado para un almuerzo especial en la casa. Le sugerí que le enviara una invitación con el menú anotado y que le anunciara que habría un postre muy especial y que podría tener el postre primero si quería.

Me llamó unas semanas más tarde para decirme que no había tenido el valor de escribir la invitación todavía, pero que lo había llamado invitándolo para almorzar y no podía creer lo rápido que su esposo había llegado a la casa.

CENA A LUZ DE VELAS PARA DOS

Si no tienes chicos o tienes hijos pequeños que van a dormir temprano, puedes planear cenas a luz de vela para después de las ocho. No tiene que ser una comida complicada; pueden ser los mismos fideos que les serviste a los chicos más temprano.

Recuerdo bien una cena con candelabros que tuvimos. ¡Yo creía que los chicos estaban dormidos, pero no tuve esa suerte! Asomándose a la puerta, aparecieron dos ángeles en camisones blancos preguntando: "¿Qué están haciendo? ¡Qué divertido! ¿Podemos comer con velas nosotros también?"

¡De modo que a la mañana siguiente todos tomamos el desayuno con velas!

Una mujer creativa cuyo esposo era piloto de avión y tenía un horario complicado, me dijo que preparaba desayunos a luz de vela a las 5 de la madrugada antes que su esposo saliera en un vuelo. Dice que es una hora muy tranquila y que pasan un tiempo maravilloso hablando, comiendo y amándose el uno al otro. Por supuesto que algunas mujeres no *querrán* levantarse a las 5 de la mañana.

FUTBOL CREATIVO

Cuando se aproxima la temporada de fútbol, muchas esposas empiezan a temblar porque los hombres pasan pegados al televisor. Esto es especialmente cierto en Dallas, donde se ve mucha "futbolmanía". Una amiga cristiana estaba temiendo la llegada de la temporada. Antes de que comenzaran los partidos oficiales, su esposo estaba mirando los partidos de pretemporada. Una noche en especial, el partido empezó muy tarde. Ella *sabía* que debía entrar a la sala y mostrar interés, pero en realidad quería irse a la cama con un libro. En lugar de ello, se obligó a ir y mirar televisión.

Después de mirar durante unos minutos el partido, ¡decidió divertirse! Le sugirió a su marido que mientras pasaban el fútbol, ellos mirarían. Pero en cuanto terminara el juego, ¡jugarían ellos! Miraron unos minutos y cuando se interrumpía el partido, él le decía: —Frótame la espalda hasta el próximo juego.

La próxima vez le tocaba a ella y le decía: —Bésame hasta el próximo juego.

Siguieron así durante todo el partido, y después ella dijo: —¡No me imaginaba que el fútbol pudiera ser tan divertido!

Después de tres horas de esto, estaban más que listos para hacerse el amor. Hasta el fútbol puede ser emocionante; ¡depende de cuán creativa eres!

ME ENCANTAN LAS SORPRESAS

¡Debo insistir una vez más en la importancia de que la pareja pase algunos fines de semana sola! ¡Sé creativa y sorprende a tu esposo con uno! Muchos hoteles tienen tarifas especiales de fines de semana que incluyen la habitación y la comida. Pero recuerda las dos palabras claves: planifica y persevera.

Una noche lluviosa de un día viernes, Jody y yo estábamos celebrando conferencias juntos. Yo había planeado una escapada sorpresiva para ambos y me había pasado la tarde preparando la valija, la comida, y había cruzado la ciudad para ir a buscar la llave de nuestra cabaña-refugio.

Al dejar la casa, los chicos se pusieron a llorar: "Mamá, no queremos que te vayas".

Vacilé, pero seguí adelante con el plan. (El llanto de ellos cesó dos segundos después de que yo saliera, por supuesto). ¡Todo iba saliendo mal, y, a punto de echarme a llorar, me preguntaba si valía la pena todo el esfuerzo!

Cuando terminamos de dar conferencias esa tarde, caminamos hasta el auto y Jody me preguntó: —¿Para qué es la valija?

—Te voy a llevar al Holy Lake Ranch por el fin de semana —le dije.

—¡Gracias, querida; lo necesito tanto!

¡En el acto me olvidé de los contratiempos de la tarde!

Es *tan* divertido dormir hasta el mediodía, cenar a las 10 de la noche y hacer lo que te dé la gana. ¡Es como una brisa fresca para el matrimonio!

Al contestar el teléfono, escuché a mi amiga Sara que me decía: "No vale la pena; ni siquiera deseo ir".

Se suponía que dentro de un rato Sara dejara a uno de sus chicos conmigo y escapara con su esposo a pasar solos el fin de semana. Le aseguré que yo tenía a menudo esos mismos sentimientos. Muchas veces cuando hay que disponer los arreglos para los chicos, el perro, el gato, la correspondencia, etc., ¡te dan ganas de *quedarte* en casa!

Dos días más tarde Sara recogió a su hijita y me dijo: "La verdad es que nunca te había creído cuando decías que era tan divertido ir a un hotel con tu esposo. Normalmente tenemos una linda relación y buena comunicación, pero ¡qué alegría fue estar libre para concentrarme sólo en él, sin compromisos ni interrupciones! ¡Fue *maravilloso* y los dos estamos ansiosos por volver a salir solos otra vez!"

SEIS HORAS AFUERA

Quizás te encantaría estar sola con tu esposo, pero no puedes hacer los arreglos para salir un fin de semana por ahora. ¿Has pensado alguna vez en una cita en un hotel? Hay muchos hoteles buenos con precios razonables. Puedes llevarte una merienda o salir primero a cenar y luego volver a la pieza, charlar, compartir y amarse toda la tarde sin interrupciones. ¡Puedes dejar a los niños con una niñera a las seis y estar de vuelta en casa a la medianoche!

Quizás a algunas de ustedes no les guste la idea de ir a un hotel con su esposo. No estoy segura por qué, pero sí sé que algunas se quejarán. Sólo recuerda, no estoy sugiriendo que hagas *ninguna* de las cosas que he mencionado. Son sólo sugerencias para hacer que se te prenda la lamparita. Dios quiere obrar en el contexto de *tu* personalidad y de *tu* relación, pero como certeramente dijo mi esposo: "Si *nada* seductor o creativo los estimula, quizás sus personalidades necesiten cambiar un poco".

Hay muchas cosas creativas que podría sugerir, pero *tú* debes empezar a pensar y presentar tus ideas. Recuerda, los momentos especiales juntos son importantes y nunca está demás enfatizarlo, pero lo más importante es tu *actitud*. ¿*Sabe* tu esposo que estás dispuesta y que te *excita* saber que es tu amante? Dios te lo ha dado como "tu amado y tu amigo". ¡Déjale participar del secreto!

Lectura recomendada

LaHaye, Tim y Beverly: *El acto matrimonial*, Editorial CLIE, Dr. Maragas y Barret, 113, Tarrasa, España.

Wheat, Ed y Gaye de: *El placer sexual ordenado por Dios*, Editorial Betania, 824 Calle 13 S.O., Caparra Terrace, Puerto Rico 00921.

CAPITULO XI
La respuesta constante

"Nadie puede entender bien la forma de ser de una mujer; ella pasa de un estado de ánimo a otro, y cuando el hombre espera una reacción, ¡ella aparece con otra!"[1]

Muchas de nosotras estamos dominadas por nuestras emociones; por la forma en que otras personas reaccionan con nosotras, por nuestras circunstancias, y por la forma en que nos sentimos respecto a nosotras mismas en ese momento. ¡Dios quiere que aprendamos a tener una actitud estable ahora mismo, aquí donde vivimos, no el próximo año cuando las cosas marchen mejor!

Cada una de ustedes está en un momento diferente de la vida, cada una de ustedes tiene un esposo diferente y diferentes necesidades en la vida. Algunas de ustedes están muy entusiasmadas con todo lo que han leído y ya confían en que Dios hará su 100 por ciento, mientras ustedes procuran hacer su 100 por ciento. Otras de ustedes quizás se pregunten si alguna vez será posible que su matrimonio sea lo que debe ser, y dudan en *llegar* a tener éxito como esposas eficaces.

Acompáñenme a repasar mentalmente el libro, yendo desde atrás, pasando por la relación sexual, la sumisión, el respeto, las prioridades, hasta llegar al plan de Dios. Hablamos de todo lo que El ha hecho por nosotras en el pasado, y de lo que está haciendo por nosotras a diario. ¡Con Dios, *todo* es posible! No hay *ninguna* tentación demasiado grande; ningún problema en tu vida ni en tu matrimonio que sea demasiado difícil para Dios. Si Dios está de nuestro lado, ¿cómo podemos fallar? Hay tres ingredientes básicos para un matrimonio feliz[2]: (1) Aceptar tus circunstancias; (2) Aceptar a tu esposo; y (3) Aceptarte a ti misma. Nuestras circunstancias pueden fallar, nuestro marido puede fallar, y lo que es más duro, nosotras podemos fallar, pero Dios *nunca* va a fallar.

ESAS CIRCUNSTANCIAS IMPREVISIBLES

Después de que Jody se graduara del Seminario, nos dirijimos a un lugar donde nieva mucho, al norte del estado de Nueva York, para trabajar con los estudiantes universitarios en la Universidad de Cornell.

Unos amigos habían alquilado una casa en la campaña, y ahí nos mudamos con un bebé que gateaba y otro en camino. Al otro día, abrí el grifo de agua, ¡y no salía agua. Corrí al otro lado de la calle, donde vivían los propietarios del terreno y les dije que conectaran el agua nuevamente. Fue entonces que me enteré que no había forma de conectar el agua porque la casa tenía un pozo. Siendo una chica de la ciudad, no sabía mucho acerca de pozos, pero pronto se me hizo claro que cuando un pozo no tiene agua, ¡no tiene agua!

La familia Dillow pasó seis semanas sin agua. Fue entonces cuando adquirí una saludable actitud de aprecio por esa valiosa comodidad. El propietario se vio finalmente obligado a hacer otro pozo. Como sabía de nuestra fe en Cristo, nos pidió que oráramos y le dijéramos dónde cavar. Mientras yo tragaba saliva Jody dijo: "Querida, si Dios puede proveer agua en el desierto para dos millones de judíos sedientos, puede proveer agua para la familia Dillow en Snyder Hill Road".

Jody sugirió un lugar donde cavar, ¡y se cavó allí uno de los mejores pozos de la zona! Como consecuencia, Dios obró en la vida de nuestros amigos, aumentando su fe, y haciendo que la situación nos proporcionara una nueva relación con ellos.

Durante las seis semanas sin agua, hicimos un peregrinaje diario a la casa de un vecino cristiano para bañarnos y lavar los pañales. Durante el tiempo diario del baño, la señora y yo empezamos a hablar acerca de la posibilidad de realizar un té evangelístico en su casa. Fue el comienzo de un dinámico ministerio en este pueblo.

Dios usó nuestra falta de agua en muchas maneras. Me encontraba con gente en el almacén que me decía: "Ah, ya sé quienes son; son la gente que está sin agua".

Fuimos rápidamente bien conocidos en la comunidad y pudimos compartir el amor de Dios con muchos a raíz de nuestras "circunstancias desfavorables".

"Y sabemos que a los que aman a Dios, todas las cosas les ayudan a bien, esto es, a los que conforme a su propósito son llamados" (Romanos 8:28). ¡No todas las cosas son buenas, pero Dios promete que resultan para bien de aquellos que le aman y han sido llamados de acuerdo con su propósito!

Hay circunstancias difíciles en la vida de cada persona, de cada matrimonio. Cada uno de nosotros tiene una elección que hacer; cuando llega el tiempo de prueba podemos levantar los puños y pelear con ira y resentimiento, o podemos entregar la situación a Dios y confiar que El hará que resulte el bien aun a través de una mala situación. La primera elección siembra descontento y frustración. La segunda cosecha el fruto del Espíritu: amor, gozo, paz, paciencia, benignidad, bondad, fe, mansedumbre, templanza.

Dios promete producir cualidades santas en nuestra vida si respondemos adecuadamente a las pruebas. "Y no sólo esto, sino que también nos gloriamos en las tribulaciones, sabiendo que la tribulación produce paciencia; y la paciencia, prueba; y la prueba, esperanza; y la esperanza no avergüenza; porque el amor de Dios ha sido derramado en nuestros corazones por el Espíritu Santo que nos fue dado" (Romanos 5:3-5). ¿Necesita alguna de ustedes tener perseverancia? ¿O fortaleza de carácter? ¿O esperanza? ¡Yo sí! ¡Dios ha pedido que reaccionemos con gratitud ante las pruebas!

Al agradecerle por las circunstancias difíciles e insoportables, estamos diciendo: "Dios, tú eres el bendito supervisor de todas las cosas. Tu eres soberano y tienes el control. No entiendo todo lo que está pasando, pero te agradezco y confío en ti para que me enseñes lo que quieras que aprenda, y que todo sea para bien". Dios ordena que seamos agradecidos y se complace cuando lo somos. "Dad gracias en todo, porque esta es la voluntad de Dios para con vosotros en Cristo Jesús" (1 Tesalonicenses 5:18).

Dar las gracias es diferente de "estar agradecidos". Yo estoy agradecida por mi esposo y mis tres hijos y me siento sobrecogida a veces de gratitud hacia ellos. ¡Cuando doy gracias a Dios por una prueba o una circunstancia difícil, no es un *sentimiento* de gratitud lo que siento, sino una *decisión* de mi voluntad de elegir confiar en Dios y agradecerle a pesar de mis sentimientos!

PABLO, QUIEN SIEMPRE RESPONDIA EN FORMA CONSECUENTE

Cuando Pablo escribió la carta a los Filipenses, estaba encarcelado. ¡Qué difícil debe haber sido para él! Dios le había dado la responsabilidad de llevar el Evangelio a todo el mundo conocido, y allí estaba él, sentado, día tras día, en la cárcel. ¿Qué podría resultar de tal situación?

"Quiero que sepáis, hermanos, que las cosas que me han sucedido, han redundado más bien para el progreso del evangelio, de tal manera que mis prisiones se han hecho patentes en Cristo en todo el pretorio, y a todos los demás. Y la mayoría de los hermanos, cobrando ánimo en el Señor con mis prisiones, se atreven mucho más a hablar la palabra sin temor" (Filipenses 1:12-14).

Pablo había sido terriblemente castigado, y estaba encarcelado por un tiempo indeterminado, y sin embargo al escribirles a los filipenses, el tema del "gozo" es evidente. ¡Pablo no vivía *en* sus circunstancias o *sometido* a ellas, sino *sobre* ellas!

"No lo digo porque tenga escasez, pues he aprendido a contentarme, cualquiera sea mi situación. Sé vivir humildemente, y sé tener abundancia; en todo y por todo estoy enseñado, así para estar saciado como para tener hambre, así para tener abundancia como para padecer necesidad. Todo lo puedo en Cristo que me fortalece" (Filipenses 4:11-13).

Dios nunca dijo que tus problemas personales o conyugales serían fáciles, pero dijo que te daría la fortaleza necesaria, de modo que, ¿por qué no agradecerle de antemano? Agradécele a Dios por tus circunstancias ahora mismo. Dale tus cargas, y El en cambio te dará su paz.

A medida que empieces a poner en práctica lo que has aprendido sobre cómo ser una *esposa virtuosa*, las circunstancias te van a empezar a fallar. ¡Quizás la primera vez que planees una cena a luz de velas, el bebé se enferme y pases la noche con un bebé en brazos en lugar de pasarle en los brazos de tu marido como estaba planeado! O quizás *finalmente* logres salir a una cita con tu esposo y el automóvil se descomponga. O lo llaman inesperadamente del trabajo, o uno de ustedes, o los dos, se agripa. Tienes que elegir: puedes reaccionar mal y pelear contra las circunstancias, o puedes responder correctamente y confiar que Dios arregle todo para bien. Casi te puedo garantizar que las circunstancias van a fallar, pero alabado sea Dios, ¡El *nunca* falla!

ESE ESPOSO IMPREVISIBLE

La creativa Carolina está toda lista para empezar a admirar a su esposo. Cuando Ken llega del trabajo, le dice: —Querido, te agradezco de corazón lo mucho que trabajas para mantenernos bien.

Orgullosa de sí misma por haberlo admirado, espera su respuesta. Pero Ken le suelta la bomba: —Sé que no sientes lo que estás diciendo; siempre te estás quejando por las largas horas que paso trabajando.

La respuesta de Ken no era exactamente la que ella estaba esperando.

Carolina tiene ahora dos posibilidades. Puede responder mordazmente a su vez, diciendo: —¡No vas a pescarme de nuevo haciéndote un cumplido!

O puede ignorar la herida y decir: —Querido, tienes razón, he estado mal al quejarme. Pero ahora estoy realmente agradecida y orgullosa de ti.

¡Quizás una esposa creativa pruebe la danza de Mahanaim para su esposo, y él se ría (eso sería difícil). Nuestra reacción natural cuando nos hieren es dar un paso adelante y contraatacar. ("¡Qué necio! Ya sabía que no daría resultado. De todos modos, me sentía estúpida haciendo esa danza".) La reacción sobrenatural es dar un paso atrás y responder con una bendición.

"No devolviendo mal por mal, ni maldición por maldición, sino por el contrario, bendiciendo, sabiendo que fuisteis llamados para que heredaseis bendición" (1 Pedro 3:9). Los esposos son muy humanos y no siempre dan la respuesta que uno está esperando. Dios te pide que seas fiel y hagas tu 100 por ciento, no por lo que vas a recibir en cambio, sino porque deseas ser una sierva fiel. ¡Al mismo tiempo, Dios dijo que cuando respondes con una bendición ante un insulto, heredarás una bendición!

¿Cómo podemos bendecir? Mirando a Dios en lugar de mirar a nuestro esposo o a nuestras circunstancias.

Elisabeth Elliot fue una mujer que respondió con bendición a una gran maldad. Su esposo, Jim, fue uno de los cinco hombres que intentó llevar el Evangelio de Cristo a los indios aucas, una tribu muy primitiva de Sudamérica, alrededor de los años 50. Mientras intentaban hablar a los indios del amor de Cristo, los cinco hombres fueron asesinados por los salvajes a los que querían ayudar.

La natural respuesta ante tan trágica situación sería odiar, sentir resentimiento, buscar venganza. Elisabeth Elliot hizo exactamente lo opuesto. Llevando a su pequeña hija, volvió a la tribu auca que había matado a su esposo. Los amó y los ganó hacia la fe en Cristo. En un libro acerca de ella, hay una fotografía de ella con su pequeña hija, paradas a la orilla del río, mientras los mismos hombres que habían matado a su esposo eran bautizados. Elisabeth Elliot mostró una reacción sobrenatural; bendijo en lugar de responder con maldad o insulto.

Probablemente no se te pida que hagas lo que hizo Elisabeth Elliot. Pero quizás tengas que responder con una bendición cuando tu esposo te defrauda o te hiere. En lugar de dar un paso adelante y contraatacar, decide dar un paso atrás y responder con una bendición.

Casi te puedo asegurar que tu esposo te va a fallar alguna vez, ¡pero puedes estar segura de que Dios *no* te va a fallar!

ESA IMPREVISIBLE YO

Mientras intentas ser la *esposa virtuosa*, las circunstancias van a fallar, tu esposo va a fallar, y lo que es más duro, tú vas a fallar. Fallamos porque nunca seremos perfectos hasta que estemos con Dios.

HE FALLADO, SEÑOR

Recuerdo bien una tarde asoleada en la Universidad Metodista del Sur. Había pasado tres horas corridas yendo de un grupo a otro, compartiendo con las chicas el tema sobre la mujer virtuosa de Proverbios 31. ¡Me fui a casa entusiasmada de ser la mujer de Dios, ansiosa por ver a Jody y poner en práctica lo que había estado diciendo durante tres horas!

Al entrar por la puerta me quedé helada. Esparcidas por la casa, en tecnicolor, estaban las ropas de Jody, comenzando por los zapatos y medias en la cocina, la camisa en la sala, y el resto camino al dormitorio. ¡Obviamente había estado apurado por irse a correr! Una mirada a la ropa desparramada, y la mujer virtuosa había desaparecido, reemplazada por mí, la esposa furiosa. Reventé, gritándole a Jody. Advirtiendo lo hipócrita que era, me tiré sobre la cama, sollozando. Había hablado durante tres horas sobre la mujer virtuosa, pero no podía vivirlo tres minutos! ¡Estaba *deshauciada*!

Mientras estaba allí sollozando, Dios me recordó que mi caso sí tenía esperanza. ¡Cuando nosotros fallamos, El permanece fiel! Sí yo lo había echado a perder, pero Dios me amó y me perdonó, y quería que yo me perdonara a mí misma.

Estoy convencida que una de las principales barreras para el crecimiento en la vida cristiana es nuestra resistencia a perdonarnos a nosotros mismos. Aceptamos el hecho de que cuando confesamos nuestros pecados El es fiel y justo para perdonarnos nuestros pecados y limpiarnos de toda maldad, ¡pero sólo llegamos hasta allí! En un sentido, creo que pensamos que le mostraremos a Dios que estamos *realmente* arrepentidos si lloriqueamos y nos odiamos a nosotros mismos por un tiempo.

Dios dice que toma nuestro pecado y lo arroja a lo profundo del mar (Miqueas 7:18), y luego pone un cartel: "Prohibido pescar". ¡Quiere que admitamos cuando fallamos, y luego adelante!

Dios me ha dado el privilegio de enseñar a otras mujeres cómo ser esposas eficaces, y sin embargo yo todavía fallo en cada una de las áreas consideradas en este libro. Hay semanas en que parece que mis prioridades están todas puestas al revés y de atrás para adelante. Una vez más las evalúo delante de Dios. Hay ocasiones en que mi "yo" piensa que mi punto de vista es el correcto, y desafía todo lo que dice mi esposo y está totalmente rebelado. Una vez más, debo pedir perdón a Dios. Aunque he visto un crecimiento emocionante en mi propia vida, eso no significa que nunca falle. Pero mis fracasos son menos frecuentes a medida que crezco y aprendo a perdonarme a mí misma y a confiar en el Espíritu Santo.

UN PASO POR VEZ

Llegar a ser una *esposa virtuosa* es un proceso. Si estás en camino, ya estás dirigiéndote a la meta, ¡y eso es emocionante! Un gran hombre dijo una vez: "No es tan importante lo que un hombre es, sino lo que está en proceso de ser: ¡porque serás lo que ahora estás en camino de ser!"

Desearía poder decirte que una vez que cierres este libro, como por arte de magia, con mover una vez la mano serás una *compañera eficaz*. Eso suena muy bonito, pero el método de *Dios* es dar un paso por vez. El hombre es un ser de costumbre, y muchos de nosotros tenemos muchas malas costumbres. Lleva tres semanas sentirte cómodo respecto a un nuevo hábito, y seis para incorporarlo como propio. Dios dice que debemos disciplinarnos a fin de alcanzar la santidad (1 Timoteo 4:7). Esto significa que debemos estar *orientados* hacia la santidad. Toda nuestra vida debe ser disciplinada (estructurada, organizada, y vivida día tras día) hacia la meta de la santidad. ¡Llegar a ser semejantes a Cristo Jesús es un proceso, pero es un proceso emocionante!

Mira ahora el proyecto que hay a continuación. Te pido que anotes tres áreas de las consideradas en este libro en las que te sientas más competente. Quizás sea la admiración (estimas y respetas a tu esposo), o quizás ya eres una amante creativa, o quizás tus prioridades siempre han estado en orden. Considera todas las áreas, incluyendo las prioridades, la parte de Dios y la tuya, la aceptación, la admiración, la sumisión, la vida sexual, la organización del hogar y la respuesta constante. Sé tan específica como quieras serlo. Puedes elegir una categoría general como "prioridades" o elegir una de las seis prioridades para concentrarse en ella. Escribe ahora mismo cuáles son las tres áreas en las que te encuentras más competente.

A continuación, enumera las tres áreas consideradas en este libro en las que te sientes *menos* competente. Quizás sean tus prioridades, o la aceptación de tu cónyuge. (¿Eres un Espíritu Santo personal?) Anota ahora mismo tus tres áreas menos competentes. Toma el número 1 y anótalo en el almanaque para este mes y el siguiente. Luego toma el número 2 y anótalo para el mes siguiente. A medida que repases este libro, completa el almanaque más o menos así:

Aeas de mayor competencia	Areas de menor competencia
1. Prioridades	1. Sumisión
2. Admiración	2. Vida sexual
3. Hijos	3. Aceptación

Enero: Sumisión
Febrero: Vida sexual
Marzo: Aceptación

¿Ves lo que estás haciendo? ¡Paso a paso, durante el próximo año, a la vez que confíes en que Dios hará su parte, irás cambiando en doce áreas importantes de tu vida! Esto no se logra moviendo una vara mágica, sino que es la transformación de tus esquemas de conducta habitual, algunos de los cuales has mantenido durante toda la vida. Si sigues disciplinadamente tu cartilla, trabajando en un área por vez, ¡imagina cómo será tu hogar dentro de seis meses y dentro de un año!

Enumera tres áreas en las que te sientes más competente.	**Enmuera tres áreas en las que te sientes menos competente.**
1.	1.
2.	2.
3.	3.

Enero—

Febrero—

Marzo—

Abril—

Mayo—

Junio—

Julio—

Agosto—

Septiembre—

Octubre—

Noviembre—

Diciembre—

He usado este método durante los últimos años, y ha demostrado ser tremendamente valioso. ¡Es tan fácil leer un libro como éste y salir creyendo que uno puede intentar hacerlo todo! Luego, después de haber quedado vencida por *todo*, se termina por no cambiar nada. He visto un progreso real en la medida en que he tomado paso a paso un área de mi vida y trabajo en ella por un mes, antes de pasar a otra meta. Es emocionante y rendirá recompensa el poder estar en camino a la meta.

Pido a Dios que quienes lean este libro sean fieles a El, ya que El *siempre* será fiel para hacer su parte tan diligentemente como nosotros la nuestra.

Mujer virtuosa, ¿quién la hallará?
Porque su estima sobrepasa largamente a la de las piedras preciosas.

NOTAS

Capítulo 2

1. Eugenia Price, *Woman to Woman* (Grand Rapids: Zondervan, 1959), pág. 7.
2. Derek Kidner, *The Proverbs* (Downers Grove: InterVarsity, 1972), pág. 184.
3. Matthew Henry, *Matthew Henry's Commentary on the Whole Bible*, 2 tomos (Wilmington, Delaware: Sovereign Grace Publishers, 1972), II, pág. 578.
4. William Mckane, *Proverbs* (Filadelfia, Westminister Press, 1970), pág. 666.
5. C. H. Toy, *Proverbs*, in ICC (Edinburgo: T & T Clark, 1899), pág. 545.
6. A. R. Fausset, Robert Jamieson and David Brown, *A Commentary on the Old and New Testaments*, 6 tomos. (Grand Rapids: Eerdmans, 1967), III, pág. 513.

Capítulo 4

1. Shirley Rice, *The Christian Home, A Woman's View* (Norfolk; Norfolk Christian Schools, 1972), pág. 68.
2. Sally Meredith of Christian Family Life (Little Rock, Ark.) ha aportado varias sugerencias valiosas. El *Planificador de Prioridades* también ha sido editado por Thomas Nelson, Inc.
3. Daryl V. Hoole, *The Art of Homemaking* (Salt Lake City: Deseret Book Co., 1969), págs. 90,91.

Capítulo 5

1. Judith Viorst, *"What is This Thing Called Love?"* Redbook Magazine (Febrero, 1975).
2. *Family Life Today*, Regal Press (Mayo, 1976).
3. Muchas de estas categorías fueron ya enumeradas por Helen B. Andelin, *Fascinating Womanhood* (Santa Bárbara: Pacific Press, 1965), págs. 36,37.

Capítulo 6

1. Transcripto de *Hide or Seek*, del Dr. James Dobson, Copyright © 1974 de Fleming H. Revell Company. Usado con permiso.

Capítulo 7

1. La secuencia delineada en el "Plan A" me fueron antes sugeridas por Don Meredith, de Christian Family Life, Little Rock, Arkansas.
2. Larry Christenson, *La familia cristiana* (Caparra Terrace, Puerto Rico, Editorial Betania), pág. 44.
3. *Collegiate Challenge Magazine* (Arrowhead Springs: Campus Crusade for Christ).
4. Adaptado del *Basic I Seminar Manual*, Christian Family Life, Little Rock, Arkansas.
5. W. E. Vine, *An Expository Dictionary of New Testament Words* (Westwood: Revell, 1966).
6. Vine, "gentle".
7. Vine, "quiet".
8. Alan Redpath, *Victorious Christian Living* (Old Tappan, N.J.: Fleming H. Revell, 1951), pág. 166.

Capítulo 8

1. Sugerido por Bill Gothard, *Institute in Basic Youth Conflicts*.

Capítulo 9

1. Shirley Rice, *Physical Unity in Marriage* (Norfolk: Norfolk Christian Schools, 1973), pág. 19.

2. Cf. *Solomon on Sex*, por Joseph Dillow (Nashville: Thomas Nelson, Inc., 1977).
3. Shirley Rice, pág. 3

Capítulo 10

1. Herbert J. Miles, *Sexual Happiness in Marriage* (Grand Rapids: Zondervan, 1967), págs. 124,125.
2. Marabel Morgan, *The Total Woman* (Old Tappan, N.J.: Fleming H. Revell, 1973), pág. 126.

Capítulo 11

1. Gladys Seashore, *The New Me* (Minneapolis: His International Services, 1972), pág. 20.
2. Jill Renich, *To Have and To Hold* (Grand Rapids: Zondervan, 1972), pág. 23.